EVEREST

DIE GROSSEN REPORTAGEN AUS DEM LEGENDÄREN MAGAZIN

NATIONAL GEOGRAPHIC MAGAZIN ARCHIV

EVEREST

NATIONAL GEOGRAPHIC

Inhalt

Das Himalaja-Gebirge in der Khumbu-Region

MOUNT EVEREST
(Sagarmatha)
8850 m
NUPTSE
7879 m
LHOTSE
8501 m
ISLAND PEAK
6189 m
KALA
PATTAR
5545 m
AMA
DABLAM
6856 m
Lobuche
Pheriche
Pangboche
Kloster
Thjangboche
Phorcha
Imja Khola
Khumjung
Syangboche
Namche
Basar

Vorwort

Die Welt zu Beginn des 20. Jahrhunderts: Der erste Mensch gelangt zum Nordpol, bald darauf ein Erster zum Südpol. Nur der „dritte Pol", der Everest, ist noch unbezwungen. Und lockt. Dabei ist der Everest als höchster Berg der Erde erst seit Mitte des 19. Jahrhunderts bekannt. Zunächst schätzt man seine Höhe auf über 9 200 Meter. Im Jahr 1856 kommt man auf 8 840 Meter. Der Surveyor General of India, Andrew Waugh, schlägt den Namen seines Vorgängers, Sir George Everest, für diesen eindrucksvollen Berg vor. Die Tibeter hatten ihn Chomolungma („Göttin Mutter Erde"), die Nepalesen Sagarmatha („Göttin im Himmel") getauft.

Dann entstehen erste Fotos, die Begehrlichkeit wächst. Im Jahr 1921 startet die erste britische Expedition unter anderem mit George Mallory und Guy Bullock. Sie erreichen den North Col auf 6 990 Meter. Einen zweiten und dritten Anlauf unternimmt Mallory im Jahr drauf. Er kommt bis auf 8 170 Meter. Seine Teamkameraden George Finch und Geoffrey Bruce müssen sogar erst bei 8 320 Meter umkehren.

1923 wird Mallory gefragt, weshalb er unbedingt auf den Gipfel will. Seine Antwort wird für Generationen von Bergsteigern zum Leitspruch: «Because it's there.» Nur ein Jahr später kehren die Briten zum Everest zurück. Edward F. Norton kommt auf großartige 8570 Meter. Am 8. Juni steigen Mallory und Andrew Irvine auf den Berg und werden nie mehr gesehen. Mallorys Leiche wird erst 1999 entdeckt. Ob die beiden tatsächlich als Erste den Gipfel erreichten oder nicht, ist bis heute umstritten. Der Mythos bleibt.

Anfang der 30er-Jahre nimmt die Zahl der Expeditionen zu, doch niemand erklimmt den Gipfel. Einige finden dabei den Tod. Noch bis 1938 unternehmen britische Teams fast jährlich Expeditionen zum Everest. Nach dem Zweiten Weltkrieg geht es weiter: Nicht nur die Briten schicken ihre Teams, sondern auch die Schweizer und Russen. An einer schweizerischen Expedition nimmt auch der Sherpa Tensing Norgay teil, der ein Jahr später Edmund Hillary bei seinem Gipfelsturm begleitet. Die Schweizer stellen mit 8 595 Metern einen neuen Rekord auf.

Am 26. Mai 1953 startet die erste Gruppe einer britischen Expedition mit Dr. Charles Evans und Tom Bourdillon. Zwar erreichen sie stolze 8750 Meter, müssen dann aber umkehren – der Sauerstoff reicht nicht aus. Die zweite Gruppe bilden Hillary und Tensing Norgay. Am 29. Mai verlassen sie ihr Lager auf 8 500 Meter Höhe. Gegen Mittag stehen sie auf dem Gipfel der Welt: «Well, we knocked the blighter off!», so Hillarys Kommentar gegenüber dem Alpinisten George Lowe.

Es war also geschafft, der dritte Pol bezwungen. Ein Triumph! Wie es war, mit allen Höhen und Tiefen, das konnten die Leser des National Geographic im darauf folgenden Jahr erfahren: von Hillary und Expeditionsleiter Hunt.

Im Jahr 1955 wird der Everest neu vermessen: Man kommt auf 8 848 Meter. Im Jahr darauf gelangt auch ein Schweizer Team auf den Gipfel. Es folgen Chinesen und Inder. Und dann, 1963, startet die große, von der National Geographic Society geförderte amerikanische Expedition. Einer der Bergsteiger kommt dabei tragischerweise ums Leben. Doch der Erfolg der Mission wird in aller Ausführlichkeit gewürdigt.

Die Expeditionen werden immer größer und aufwändiger: An einer japanischen Expedition 1970 nimmt erstmals auch eine Frau teil. Im Jahr darauf starten Bergsteiger aus 13 Nationen zum Everest. Aber auch die persönlichen Konflikte nehmen zu. Sie lassen manchen Aufstieg vorzeitig scheitern. Die Unterstützung der Bergsteiger durch Helikopter und Militär ist keine Seltenheit mehr. Und es wächst die Zahl der Toten. 1975 macht sich eine reine Frauengruppe aus Japan auf den Weg. Unter ihnen ist Junko Tabei. Als erste Frau erreicht sie den Gipfel .

Das nächste epochale Datum ist 1978: der Aufstieg von Reinhold Messner und Peter Habeler ohne Sauerstoffgeräte. 1980 wagt Messner als Erster die Alleinbesteigung. Der Bericht dieses waghalsigen und gefährlichen Unternehmens ist im NATIONAL GEOGRAPHIC zu lesen.

Mit den 1990er-Jahren beginnt die Jagd nach Rekorden, die mitunter ans Absurde grenzt. Wer ist der Schnellste hinauf? Wer der Jüngste, wer der Älteste? Wer war am häufigsten oben? Wer bleibt am längsten? Und wer kommt mit Skiern oder Snowboard wieder zurück?

In diesem Moment wird auch die Schattenseite des Alpinismus überdeutlich. Der Everest-Tourismus nimmt dem Berg nicht nur seine Einzigartigkeit, sondern er zerstört ihn auch: Schäden am Berg, in der Umgebung nehmen zu. Die Region verändert sich. Das Risikobewusstsein nimmt ab. Mitte der 90er-Jahre gibt es 15 Todesfälle innerhalb eines Jahres. Die Zahl der Gipfelbesteigungen ist von der einen im Jahre 1953 auf fast 130 im Rekordjahr 1993 angewachsen. Es sind beängstigende und diskussionswürdige Zahlen.

NATIONAL GEOGRAPHIC ist in all diesen Jahren dabei gewesen. Hat 1999 den Everest neu vermessen lassen und ist auf 8 850 Meter gekommen. Nepal beharrt jedoch auf seinen 8 848 Metern (die Höhenangaben in den Karten dieses Buches orientieren sich am jeweiligen Original). Der Mythos Everest ist ungebrochen – ebenso die Bewunderung für die Leistungen von Bergsteigern wie Hillary, Messner oder Mallory und sein geheimnisvolles Ende. Auch das Drama vom Mai 1996, als zwölf Expeditionsteilnehmer umkommen, wird unvergessen bleiben. Jon Krakauer hat in seinem Bestseller „In eisige Höhen“ sehr eindringlich hierüber berichtet. Sicher ist: Der Everest wird uns noch lange beschäftigen.

VOL. LXIV, NO. 2 WASHINGTON AUGUST 1933

THE NATIONAL GEOGRAPHIC MAGAZINE

Die Eroberung des Everest aus der Luft

Der Flug über den höchsten Berg der Welt ist gelungen. Damit ist ein großer Wunsch vieler Forscher in Erfüllung gegangen.

VON OBERSTLEUTNANT L. V. S. BLACKER

Organisator des Houston-Mount-Everest-Fluges

IM JAHR 1932 fand man heraus, dass der Mount Everest der höchste Berg der Welt ist. Seitdem übt er auf Forscher eine geradezu hypnotische Anziehungskraft aus.

Die Idee, fliegend auf Berge zu gelangen, ist nicht neu. Schon Jules Verne hat mit dem Gedanken gespielt. In jüngerer Zeit ist Brigadegeneral C. G. Bruce darauf zurückgekommen. Der berühmte Leiter der frühen Gipfelexpeditionen schlug 1921 den Einsatz eines Flugzeugs vor. Er sah es vor allem als Hilfsmittel für Bergsteiger. Der Transport von Kameras und wissenschaftlichem Gerät spielte für ihn keine Rolle. Sir Alan Cobham setzte das Projekt in die Tat um, ihm folgten französische und deutsche Unternehmen. Irgendwann wurden dann die Pole erreicht, der Atlantik und der Pazifik überquert. Nun war der Mount Everest das faszinierendste geographische Ziel: Niemand hatte ihn bislang aus dem Flugzeug gesehen.

Im April 1932 packte mich die Vorstellung, dass man den Gipfel mit einem Flugzeug überfliegen können müsste. Mich fesselte der Gedanke, welche große Bedeutung dieses Unternehmen für die Geographie haben würde. Ich habe die aktive Fliegerei zwar vor einigen Jahren aufgegeben. Aber ich habe noch viele Freunde in der britischen Luftfahrt.

Wissenschaftliche Ergebnisse sind entscheidend

Die Entwicklungen der bekannten Flugzeugwerke in Bristol brachten mich auf die Idee. Dort sind die luftgekühlten Sternmotoren Jupiter und Pegasus entwickelt worden. Ich war davon überzeugt, dass der neueste Pegasus in einem geeigneten Flugzeug Piloten, Beobachter sowie Kameras und Instrumente auf die erforderliche Höhe bringen könnte. Ohne Beobachter und Fotoausrüstung ist ein solcher Flug natürlich einfacher durchzuführen; aber er wäre nichts als eine törichte Sensation ohne wissenschaftlichen Wert.

Zuerst musste ein erstklassiger Organisator gefunden werden. Oberst P. T. Etherton ist ein alter Kamerad aus Kriegstagen in Frankreich. Bis zum Ende leitet er das Projekt mit großer

Ein letzter Gruß vor dem Start

Lord Clydesdale ist der Chefpilot (**links**). Der Autor nimmt als Chefbeobachter die Kartierung vor, filmt und bedient die Luftbildkameras für Schrägaufnahmen. Die Männer warten auf das Signal zum Start der „Houston-Westland".

Energie. Uns stellen sich sofort drei große Hindernisse in den Weg: das technische, das politische und das finanzielle.

Im richtigen Flugzeug installiert, scheint der Pegasus-Motor die ideale Technik zu liefern. Es gibt aber nicht viele Flugzeuge, die für luftgekühlte Sternmotoren geeignet sind. Wir haben weder Zeit noch Geld, ein Spezialflugzeug bauen zu lassen. Also müssen wir ein Modell finden, das mit dem Motor kompatibel ist. Wir benötigen eine verhältnismäßig große, beladbare Maschine. Wegen der zu erreichenden Höhe muss der Propeller besonders groß sein. Die vielen Anfragen, Recherchen und Verhandlungen kosteten uns mehrere Monate. Schließlich bestellen wir eine Maschine. Weitere folgen.

Ähnliche Schwierigkeiten gibt es mit dem Motor. Der Standard-Pegasus erweist sich als funktionstüchtig und verlässlich. Er muss aber durch einen zusätzlichen Kompressor ergänzt werden. Dieser wird noch nicht sehr häufig produziert. Außerdem braucht der Motor in unserem Fall eine besonders große Lichtmaschine. Dafür wiederum wird ein spezielles Kegelradgetriebe benötigt.

Nach monatelanger harter Arbeit sind die technischen Probleme endlich gelöst.

Die Regierung von Nepal genehmigt das Projekt

Die politischen Schwierigkeiten, mit denen wir es im April 1932 zu tun haben, sind enorm. Um den Gipfel des Berges zu erreichen, muss man entweder Nepal oder einen Teil von Tibet überqueren. Letzteres kommt nicht in Frage. Dieses riesige, abgelegene Land wird von einer Lama-Theokratie beherrscht. Dort wird man noch nicht einmal die Anfrage tolerieren.

Die Regierung von Nepal ist seriösen wissenschaftlichen Bestrebungen gegenüber aufgeschlossen. Aber der Maharadscha dieses schönen, fernen Königreichs muss sich zunächst von der Ernsthaftigkeit unseres Vorhabens überzeugen. Dank der Unterstützung durch die Royal Geographical Society erhalte ich Anfang Juni ein offizielles Schreiben: Der Maharadscha von Nepal erteilt uns die Genehmigung für einen Flug zum Everest.

Inzwischen ist ein einflussreiches Komitee gegründet worden. Den Vorsitz hat Lord Peel,

Die Mannschaft der Houston-Mount Everest Expedition

Die zwei Flugzeuge, die „Houston-Westland" und die „Westland-Wallace", sind in provisorischen Hangars aus Leinwand am Flugplatz von Lalbalu untergebracht. Der Ort liegt etwa 15 Kilometer östlich von Purnea, dem einst glanzvollen Sitz der Moguln.

der ehemalige Staatssekretär für Indien. Wenig später schließt sich uns Lord Clydesdale an. Wir sind ihm zutiefst dankbar, dass er als besonders erfahrener Pilot eine Unternehmung unterstützt, die der Welt waghalsig und vermessen erscheint.

Mitte Juni haben wir dann alle Genehmigungen sowie eine Option auf den notwendigen Motor und das Flugzeug beisammen.

Lady Houston als Förderin des Fluges

Wir arbeiten fieberhaft. Doch dann setzt die Weltwirtschaftskrise mit voller Macht ein. Viele Förderer der Naturwissenschaften schränken ihre finanzielle Unterstützung ein. Die Expedition steht vor dem Aus. Wir haben noch nicht einmal genug Geld für einen Versuch mit einer einzigen Maschine.

Doch dann erinnern wir uns an Lady Lucy Houston. Dank ihrer großzügigen Spende konnten die Briten 1931 am Schneider-Pokal teilnehmen und siegen. Dieser internationale Wettbewerb war von größter Bedeutung für die technische Entwicklung der Luftfahrt. Lord Clydesdale schreibt ihr einen Brief. Schon nach kurzer Zeit teilt sie uns mit, dass sie unseren Flug finanziell unterstützen wird. Allein ihre Großzügigkeit ermöglicht den Flug.

Die Jahreszeit spielt eine entscheidende Rolle

Nun sind wir mit einem neuen Problem konfrontiert. Uns läuft die Zeit davon. Die ideale Jahreszeit wäre Ende Oktober oder November. Bis September verhüllen undurchdringliche Monsunwolken die Berge. Im Dezember und Januar regnet es häufig, und dichte Wolkenberge behindern die Fotografie.

Die geschäftlichen Vorbereitungen ziehen sich in die Länge. So ist es unmöglich, rechtzeitig Aufträge zu erteilen, um die Lieferung von Flugzeug und Motoren bis Januar zu garantieren. Die Maschinen werden trotzdem bestellt.

Zu diesem Zeitpunkt schließt sich uns auf Empfehlung des Luftfahrtministeriums Kommodore P. F. M. Fellowes an. Seine Erfahrung ist für die Organisation sehr wertvoll. Sein Status in der Royal Air Force kommt uns bei der Klärung zahlloser administrativer und technischer Details zugute.

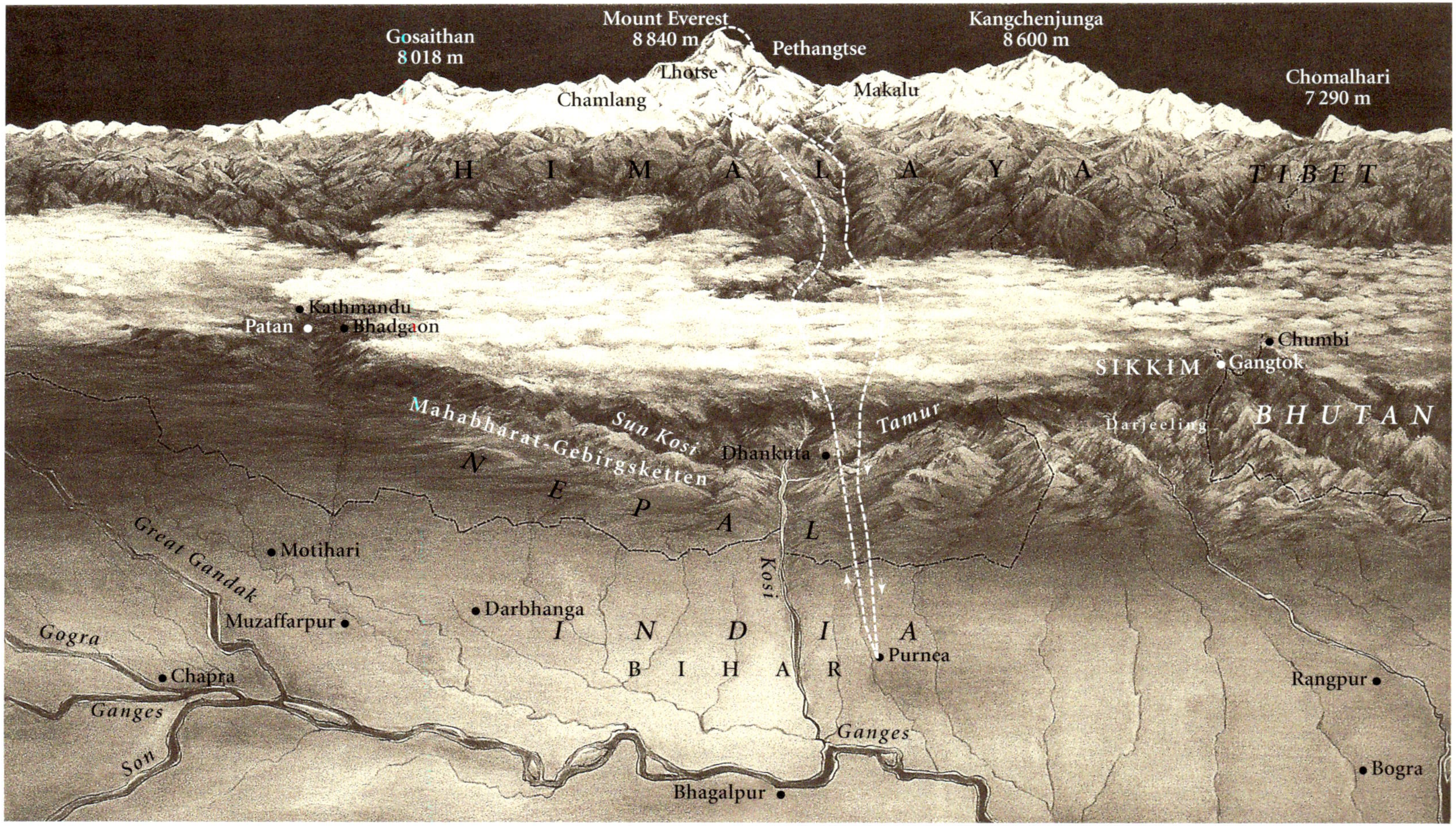

Die Flugroute von Purnea in Indien über Nepal zum Gipfel des Everest

Die Karte zeigt die Strecke des ersten Fluges zum höchsten Berg der Welt. Eingezeichnet sind die politischen Grenzen und Städte der Umgebung, außerdem einige der mächtigsten Gipfel des Himalaja-Massivs sowie die tiefen Kumuluswolken über dem Vorgebirge. Die Hauptkette des Himalaja besteht aus zahlreichen vergletscherten Gipfeln. Der Standpunkt des Betrachters ist in Purnea. Der Ort liegt 294 Kilometer vom Everest entfernt. Daher erscheint das Panorama perspektivisch verkürzt.

Blick durch die Verstrebungen: Durch die Wolkenfahne am Gipfel erscheint der Everest aus der Entfernung wie ein riesiger Vulkan

Eingerahmt vom Gestänge der „Houston-Westland" ragt das Panorama des Everest und des Makalu aus einer Wolkendecke hervor. Diese Aufnahme entstand während des zweiten Fluges. Die Länge der ostwärts treibenden Wolke zeugt von der hohen Windgeschwindigkeit am Gipfel. Große Eispartikel werden mehrere Kilometer weit mitgerissen.

Der Vizekönig von Indien inspiziert die „Houston-Westland“

Im Cockpit ist ein Labyrinth elektrischer Leitungen verborgen. Die Kabel gewährleisten die Beheizung und Bedienung der Kameras, die Erwärmung der Fluganzüge sowie der Düsen der Sauerstofftanks. Auch ein Bordtelefon ist installiert. So können Pilot und Beobachter während des Fluges miteinander sprechen. Die Flugzeuge werden in Karachi montiert. Dann werden sie mit Zwischenstops in Jodhpur und Delhi nach Purnea geflogen. In Delhi sind die Flieger Gäste Seiner Exzellenz Lord Willingdon.

Die gesamte Zeit über stehen uns das Luftfahrtministerium und verschiedene Einrichtungen der Royal Air Force zur Seite. Besonders unterstützt werden wir vom Royal Air Force Establishment und dem Fotografischen Institut der Royal Air Force in South Farnborough, dem Flugzeugdepot in Karachi sowie von der Versuchsstation in Martlesham. Die Vorbereitung der beiden Westland-Flugzeuge muss gut überlegt werden. Die Detailplanung übernimmt die Abteilung des Beobachters – das ist also vor allem meine Aufgabe. Ich arbeite mit Captain Keep zusammen, einem begabten Konstrukteur der Westland-Flugzeugwerke. Auch ihm verdankt die Expedition sehr viel.

Geschwindigkeit und Steigfähigkeit sind entscheidend

Abgesehen von der Sauerstoffapparatur unterscheidet sich das Cockpit unserer Maschinen kaum von anderen. Der Raum des Beobachters dagegen muss völlig verändert werden. Beide Flugzeuge sind zweisitzige Mehrzweck-Militärmaschinen. Sie waren ursprünglich mit festen Vickers-Maschinengewehren für den Piloten ausgestattet. Für den Bordschützen waren Lewis-Maschinengewehre auf Schwenklafetten installiert.

Die PV 3 taufen wir zu Ehren von Lady Houston „Houston-Westland“. Das Flugzeug war ursprünglich als Torpedoträger mit einklappbaren Tragflächen geplant. Es sollte auf einem Flugzeugträger stationiert werden. Der Umbau beginnt damit, dass wir sämtliche Armaturen entfernen lassen. Dann wird das hintere Cockpit zur Hälfte überdacht. Dadurch soll auch die schreckliche Kälte in der Höhe abgehalten werden. Darüber hinaus können wir so die Leistungsfähigkeit des Flugzeugs erhöhen. Wir wollen die größtmögliche Geschwindigkeit und vor allem die höchste Steigfähigkeit herausholen. In der Maschine muss nicht nur für Pilot und Beobachter Platz sein. Es müssen auch genügend Öl und Treibstoff für vier Stunden

Die Eroberer des Everest

Piloten und Beobachter erörtern die Vorfälle während ihres epochalen Fluges über den höchsten Berg der Welt. Einige von ihnen tragen noch ihre elektrisch beheizbaren Anzüge. Von links nach rechts: Oberst Etherton, der Expeditionsleiter; Lord Clydesdale, Kommodore Fellowes, Oberstleutnant Blacker (im Flugzeug), Hauptmann McIntyre und der Fotograf Sydney Bonnet. Zur Ausrüstung gehören Sauerstoffanzeiger, Manometer, Regler, Heizapparaturen, Höhenmesser, Schutzbrillen und Rheostate.

bis auf gut 10 100 Meter transportiert werden. Hinzu kommen Fallschirme, zwei Sauerstoffgeräte mit Notreserve, die gut 40 Kilo schwere Kameraausrüstung sowie die Elektroinstallation.

Diese Höhe von 10 100 Metern soll einen Spielraum von mehr als 1 200 Metern über dem Gipfel gewährleisten. Genauere Untersuchungen zeigen jedoch, dass die erforderliche Höhe unter bestimmten atmosphärischen Bedingungen verfehlt werden kann. In manchen Wetterlagen kann die Luft streckenweise sehr dünn sein. Dort ist es äußerst schwierig, Höhe zu gewinnen. In einer solchen Situation kann sich der Spielraum empfindlich reduzieren – auf nur etwa 360 Meter über dem vereisten Gipfel.

Bedrohliche Fallwinde

Die mächtigen Fallwinde in der Region sind bekannt. Sie kommen nicht nur an der Leeseite vor, sondern auch an der Windseite des Berges. Niemand kann ihre immense Kraft vorhersagen. Es besteht die Gefahr, dass das Flugzeug vom Wind heruntergedrückt wird. Ein Sicherheitsabstand von 400 Metern ist unter diesen Umständen sehr gering. Durch die Überdachung des hinteren Cockpits können wir vielleicht zusätzlich 150 Höhenmeter gewinnen. Das kann den Unterschied zwischen Erfolg und Katastrophe bedeuten.

Wir konstruieren ein Dach mit zwei Klappen. Mit Scharnieren sind sie am Rumpf befestigt. So lassen sie sich nach Ende des Steigflugs nach innen öffnen. Dadurch ist es dem Beobachter möglich, sich bis zu den Schultern aus dem Cockpit zu strecken. Die in die Klappen eingelassenen Fenster bestehen aus Celastroid.

Als Nächstes nehmen wir die elektrischen Installationen in Angriff. Sie sind für Pilot und Beobachter von entscheidender Bedeutung. Sie liefern Strom für die Erwärmung der Kleidung und vor allem für die Sauerstoffgeräte. Ohne Erwärmung würde das Leben spendende Gas in den winzigen Emissionsöffnungen gefrieren. In

Für den Laien ist das Cockpit eines Piloten ein Rätsel

Links befinden sich der Treibstoffhahn, der Motorschalter, die Uhr, der Geschwindigkeitsmesser, der Höhenmesser und ein Guckloch, um die Treibstoffzufuhr zu prüfen. Dies sind nur ein paar der Apparaturen, mit denen Flieger üblicherweise arbeiten. Viele Piloten ohne Erfahrung mit Höhenflügen wären allerdings verwirrt angesichts einiger Instrumente, Schalter und Hähne auf der rechten Seite. Es handelt sich um Heizungsschalter für Kleidung, Handschuhe, Stiefel, das Blitzlicht der Kamera und die Sauerstoffleitung. Die Piloten beider Everest-Flugzeuge müssen bei jedem Flug alle diese Instrumente bedienen. Die technischen Erfordernisse für einen Höhenflug sind besonders hoch.

diesem Fall wäre der Pilot nach 35 Sekunden bewusstlos. Während eines Fluges über flachem Land könnte er sich möglicherweise nach einem unkontrollierten Sturzflug von 3 000 oder sogar 6 000 Metern wieder erholen. Über einem Gebirge ist das undenkbar.

Elektrischer Strom ist also lebenswichtig. Bei der Planung ergeben sich allerdings besondere Schwierigkeiten. Üblicherweise wird die Lichtmaschine von einem Windrad angetrieben. Ein ein herkömmliches Windrad würde aber in so großer Höhe nicht funktionieren. Es müsste ein großes, schweres Sondermodell angefertigt werden, das dem Winddruck standhält. Das verbietet sich von selbst, also muss die Lichtmaschine an den Motor angeschlossen werden.

Eine Lichtmaschine dieser Größe ist in unseren Flugzeugtyp allerdings noch nie eingebaut worden. Zusätzlich müssen daher spezielle Bauelemente konstruiert werden. Für Notfälle, in denen das Getriebe versagt, benötigen wir noch eine Batterie. Bei extremen Minusgraden liefern Batterien aber keinen Strom. Also muss sie mit Filz isoliert werden. Letztlich hängt tatsächlich alles von der Lichtmaschine ab.

Der Strom muss durch zwei beheizbare Anzüge, zwei Paar Stiefel und Handschuhe geleitet werden. Sogar in die Sonnenbrille sind zwischen zwei dünnen Schichten Sicherheitsglas Heizdrähte eingelassen. Ebenso wichtig ist es, dass die vielen Kameras und Ersatzfilme warm gehalten werden. Etwas bereitet uns nahezu unüberwindliche Schwierigkeiten: Zelluloid wird bei Frost brüchig und zerfällt in tausend Stücke. Von unseren insgesamt acht Kameras arbeiten drei Filmkameras und zwei Luftbildkameras mit Zelluloidfilmen. Die Filme und die Mechanik der Kameras erweisen sich als sehr anfällig. Es bleibt aber nur wenig Zeit für Testflüge in der tatsächlichen Flughöhe. Sobald die Flugzeuge fertiggestellt sind, müssen sie so schnell wie möglich verpackt und verschifft werden. Also wenden wir uns an den führenden britischen Hersteller kältetechnischer Anlagen, die Firma Hall in Dartford. Dort wird eine spezielle Isolierkammer für unsere Zwecke gebaut. Sie verträgt Temperaturen bis zu minus 60 Grad. Längere Kühlung ist mit diesem Gerät sehr kostspielig. Deshalb werden auch diese lebenswichtigen Tests in Eile durchgeführt. Im allerletzten Moment funktioniert schließlich alles.

Kälteschutz für die Kameras

In jede der acht Kameras wird ein Heizelement integriert. Oder aber sie wird mit einer wattierten Schutzhülle versehen, in die Heizdrähte eingenäht sind. Das Prinzip ist hier das gleiche wie bei den Schutzanzügen. Wie die Kameras benötigen auch die Magazine für die Luftbildkameras und die Filmspulen erwärmte Schutzhüllen. Zum Glück sind die Bildkameras für Schrägaufnahmen das kleinere Problem, da man hierfür Platten benutzt. Jede Kamera ist an ein bewegliches Kabel angeschlossen. Sie laufen alle im Cockpit zusammen – ein wahres Spinnennetz. Der Beobachter wird ohnehin durch seinen sperrigen Anzug behindert. Nun muss er auch noch darauf achten, dass sich die Kabel nicht mit den Sauerstoffrohren, den Verbindungen für die Wärmeanzüge oder den Leitungen verheddern.

Am Abend, bevor das Schiff ausläuft, ist endlich alles recht gut vorbereitet. Trotzdem werden wir uns in Indien noch um viele Details kümmern müssen. Vor dem Verladen führen wir Abnahmeflüge durch. Die Maschinen und Triebwerke laufen perfekt. Das Flugzeug erreicht eine größere Höhe, als die Konstrukteure ursprünglich versprochen hatten. Dann werden die Maschinen auf schnellstem Wege auf die „Daigoma“ gebracht.

Mit der Gaumont-British Picture Corporation haben wir vereinbart, einen Kinofilm von höchster Qualität zu produzieren. In ihrem Auftrag geht der brillante Regisseur Geoffrey Barkas an Bord. Außerdem noch zwei exzellente, sehr erfahrene Kameramänner, Sidney Bonnet und A. L. Fisher.

Alle Mitglieder der Expedition müssen nach Karachi. Dort befindet sich der modernste Flughafen Indiens. Wir reisen auf unterschiedlichen Wegen zu Wasser und per Flugzeug: Die beiden Piloten, Lord Clydesdale und Hauptmann D. F. McIntyre, fliegen mit Moth-Flugzeugen. Sie werden begleitet von Kommodore Fellowes, Mrs. Fellowes, dem kompetenten Bodentechniker C. H. Hughes und E. C. Shepherd von der Londoner *Times*. Er zeigt besonderes Interesse für unsere Expediton. Aus bürokratischen Gründen und wegen schlechten Wetters dauert der Flug länger als geplant. Einige Passagiere berichten, dass die Flugbedingungen noch gefährlicher waren als beim eigentlichen Flug über den Berg. Aber alle drei Maschinen erreichen Karachi wohlbehalten.

Oberst Etherton und die Filmcrew fahren lieber mit dem Postdampfer der Reederei P & O. Er kommt sogar früher an. Ich fliege mit einer robusten und verlässlichen Hannibal der Imperial Airways und komme damit als Erster an. Von Karachi fahre ich dann mit dem Zug nach Purnea voraus. Ich will mit den Vorbereitungen

Der erste Blick eines Menschen auf den Everest aus der Luft

Über den Motoren der „Houston-Westland“ bietet sich beim ersten Flug dieser denkwürdige Anblick. Hier zeigt sich zum ersten Mal die außerordentlich schroffe Formation der Felsmassen. Die horizontale Spur der langen Wolkenfahne zeigt, wie stark der Wind dort ist. Mit der Gewalt eines Schneesturms fegt er über den Gipfel und reißt Wolken von Pulverschnee und Eispartikeln mit. Wie ein Bollwerk steht der Grat des Chamlang vor dem Everest. Ein ganzes Stück weiter rechts liegt der Gipfel des Makalu. Er hat die Form eines Sessels.

Auf Höhenflügen muss der Mensch atmen wie beim Tauchen

Eines der größten Probleme bei allen Versuchen, den Everest zu besteigen, ist die Versorgung mit Sauerstoff. Mit dem Flugzeug kann die Luft zum Atmen leichter transportiert werden. Vor allem aber die Kameras. Durch die Fotografie erhält die Forschung Informationen, die vom Boden aus nicht zu erlangen sind. Das Bild zeigt Kommodore Fellowes, der Oberst Blacker dabei behilflich ist, seine Höhenausrüstung anzulegen.

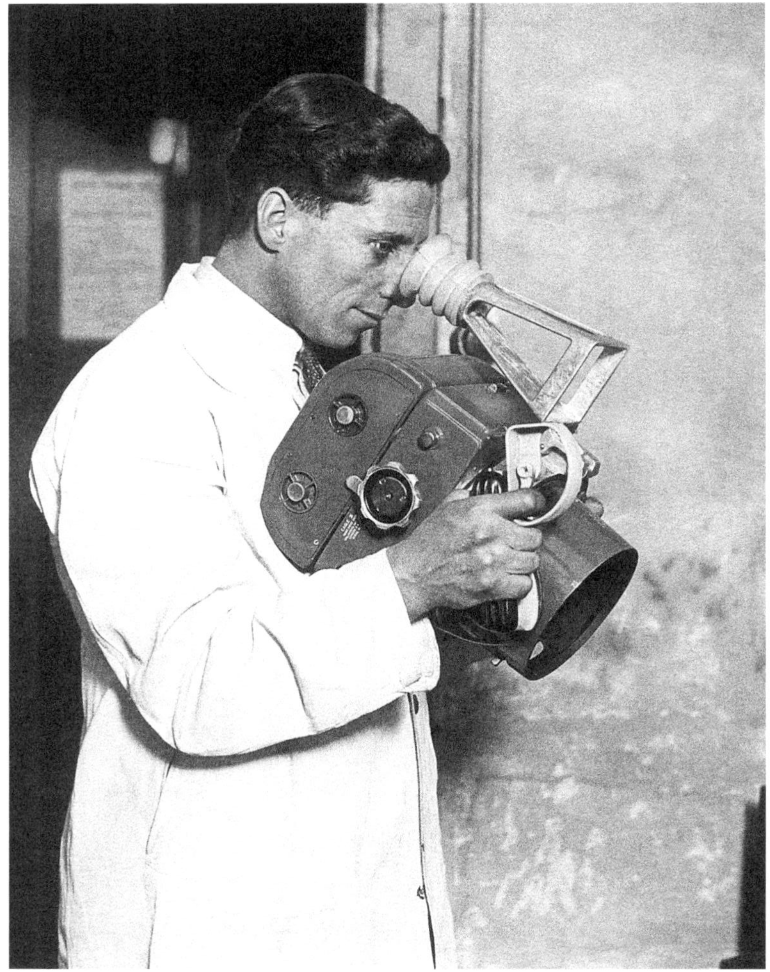

Vorbereitung für den Blick auf verborgene Bergregionen

Ein vorrangiges wissenschaftliches Ziel der Expedition ist es, die unzugänglichen Südhänge des Everest-Massivs zu fotografieren. Für Bergsteiger sind sie unerreichbar. Zu diesem Zweck werden sie mit der Handkamera abgelichtet. Eine weitere Absicht der Forscher ist es, mit senkrecht ausgerichteten Luftbildgeräten Bildstreifen aufzunehmen. Mit ihrer Hilfe lässt sich das Gebiet kartieren.

Entladung der Kisten mit Flugzeugteilen in Karachi

In England sind die beiden Flugzeuge in über 10 000 Metern Höhe getestet worden. Dann werden sie in Einzelteilen nach Indien verschifft. Dort werden sie wieder montiert und zum Flughafen Lalbalu in der Nähe von Purnea geflogen. Einige der Expeditionsmitglieder fahren mit dem Dampfer nach Indien. Andere reisen mit dem Flugzeug.

dort beginnen. In der kleinen Gemeinde werde ich von Plantagenbesitzern äußerst gastfreundlich empfangen.

Einstige Mogulstadt rückt ins Rampenlicht

Früher wurde hier Indigo hergestellt. Es war eine sehr wohlhabende Gegend. Heute wird zum Schaden für die hiesige Industrie statt Indigo zunehmend Anilin verwendet. An den wirtschaftlichen Problemen ändert auch der Handel mit Jute wenig, und so hat die ehemalige Garnisonsstadt viel von ihrer einstigen Bedeutung eingebüßt. Von Purnea aus wurde früher die Grenze zum kämpferischen und starken Königreich Nepal bewacht. Im 18. Jahrhundert hatten die Briten unter Baron Robert Clive und Generalgouverneur Lord Hastings die Mogul-Vizekönige von ihren juwelenbesetzten Thronen gestoßen. Purnea blühte auf, und in der prächtigen Stadt wimmelte es nur so von purpurfarbenen Uniformen. Von diesen Tagen des Glanzes zeugen heute nur noch drei verfallende Friedhöfe mit üppigen Grabstätten.

Purnea liegt in einer flachen, landwirtschaftlich genutzten Ebene 97 Kilometer südlich der Gebirgsausläufer von Nepal. Quer durch dieses Gebiet verläuft eine 50 Kilometer lange Rasenfläche. Die würde als Landebahn für alle Luftstreitkräfte der Welt ausreichen. Die große Aufmerksamkeit für den Flug zum Mount Everest hat auch Purnea weltweit in die Schlagzeilen gebracht. Viel Europäer leben hier. Selbst nur wenige von ihnen haben bisher ein Flugzeug gesehen. Unter der Aufsicht des Chefingenieurs von Bhagalpur, W. G. Came, kommen die Vorbereitungen für die Landebahn und die Hangars aus Stahlrahmen und Leinwand gut voran.

Der erste Blick auf den Berg

Ich fahre zurück nach Karachi. In zwei der Moth-Maschinen machen wir uns wieder auf

Die riesigen Felsmassen des Kangchenjunga ragen aus den Wolken

Mit seiner Höhe kann es der massige Berg beinahe mit dem Everest aufnehmen. Auch er ist das Ziel zahlreicher Expeditionen. Das Foto wurde mit Infrarotfilter aus einer Entfernung von mehr als 160 Kilometern aufgenommen.

Der Maharadscha von Nepal erwidert den Gruß

Das Königreich in den Bergen hat fast sechs Millionen Einwohner. Der Maharadscha ist das Staatsoberhaupt. Die Militärregierung wird vom Premierminister geführt. Auch er trägt den Titel eines Maharadscha. Er steht seriösen wissenschaftlichen Projekten aufgeschlossen gegenüber. Wollte man den Monarchen ansprechen, so müsste die korrekte Anrede lauten: «Eure Majestät Maharajadhiraja Tribhubana Bir Bikram Jung Bahidur Shah Bahadur Shumshere Jung».

den Weg nach Purnea. Auf diesem Flug haben wir zum ersten Mal einen Blick auf den Berg. Von Gaya aus nehmen wir Kurs auf die großen grauen Sandbänke des Ganges. Etwas weiter folgen die Ebenen von Bihar. Früher war hier das Zentrum des großen Reiches Kaiser Ashokas. Sie sind von dichtem, purpurrotem Dunst verhüllt. Der Dunst und das tiefe Blau des Himmels treffen an einer scharfen Linie aufeinander. Plötzlich tauchen oberhalb davon drei wundersame weiße Punkte auf. Über den rechten Tragflächen sehen wir den Kangchenjunga in einem Kranz aus Wolken. Vor uns ziehen die weit entfernten Gipfel des Everest und des Makalu unsere Blicke auf sich. Drei makellose Schneespitzen schwimmen majestätisch über diesem weinroten Nebelmeer. Wir können es kaum ertragen, hinabzugleiten und die Schönheit dieses Anblicks vorerst aufzugeben.

In Bhagalpur unterstützt man uns tatkräftig bei den Vorbereitungen für unsere Expedition. Und John R. Dain, der dortige Bevollmächtigte, bringt uns seine ausgesprochen herzliche Gastfreundschaft entgegen. Von hier fliegen wir 64 Kilometer weiter nach Purnea. Dort ist die Landebahn bereits geebnet, und die Arbeit an den Hangars hat weitere Fortschritte gemacht. Die Bewohner von Purnea sind nicht weniger gastfreundlich als die von Bhagalpur; das gilt sowohl für die Radschas und wohlhabenden Plantagenbesitzer als auch für die einfachsten Leute.

Mit einer der Moth-Maschinen fliegen wir nach Karachi zurück. Jetzt wollen wir die großen Westlands holen.

Plötzlicher Sturm zerstört ein verankertes Flugzeug

Auf dem Flug nach Karachi ist Allahabad unsere erste Zwischenstation. Hier machen wir unser Flugzeug für die Nacht fest. Plötzlich kommt innerhalb weniger Minuten ein schwerer Sturm auf. Windböen von über 120 Stundenkilometern entwurzeln hunderte von

Bäumen. Sie reißen Dächer von Gebäuden, stürzen die ganze Stadt in Dunkelheit. Der Sturm überrascht uns im Haus des Polizeichefs, 13 Kilometer vom Flugplatz entfernt. Wir organisieren gerade eine Wache für unsere Maschine.

Sofort eilen wir zurück zum Flugzeug. Die Maschine ist von den riesigen Betonblöcken losgerissen worden. Die dicken Verankerungsseile aus Hanf sind gerissen. Das zierliche Flugzeug ist hoch in die Luft geschleudert worden. Nun ist es nur noch ein armseliges Wrack.

Niedergeschlagen fahren wir mit dem Zug nach Delhi. Dort bietet uns ein großzügiger Hindu sehr freundlich seine eigene Puss Moth an. Er ist eine Berühmtheit, denn er war der erste Inder, der mit einem Flugzeug über die Grenzen seines Landes hinausgeflogen ist. Sein Angebot ist bezeichnend für die große Sympathie, die unserer Expedition in ganz Indien entgegengebracht wird.

In der Zwischenzeit hat Oberst Etherton auf Einladung des Maharadschas von Nepal Kathmandu besucht. Unter bestimmten Voraussetzungen erhalten wir die Erlaubnis für einen zweiten Flug über den Everest. Das hat ihm Seine Hoheit bei dieser Gelegenheit erneut versichert. Bei der Organisation der Expedition ist uns früh klar geworden, dass wahrscheinlich zwei Flüge nötig sein würden, um relevante wissenschaftliche Ergebnisse zu erhalten. Nun haben wir also die Genehmigung der Regierung, ‹‹ausschließlich für wissenschaftliche Zwecke››. Wir sind sehr erleichtert. Denn es ist kaum zu erwarten, dass die komplizierten und empfindlichen Vorrichtungen in diesen Extremen von Hitze und Kälte beim ersten Mal einwandfrei funktionieren. Ohne die Möglichkeit, einen zweiten Flug zu machen, müssten wir dann unverrichteter Dinge und ruhmlos nach Hause zurückkehren.

In Karachi stehen die zwei Westlands bereit. Wir machen einige Testflüge in der klaren Luft von 10 000 Metern Höhe. Alles ist in Ordnung. Die elektrisch beheizten Anzüge funktionieren einwandfrei.

Unerwartete Wärme in großer Höhe

Wir machen eine interessante Beobachtung hinsichtlich der Temperaturen. Die obere Luftschicht in dieser Höhe ist 20 Grad wärmer als im Vormonat in England. Das ist genau das Gegenteil dessen, was wir erwartet hatten. Wir nahmen an, dass fast überall in dieser Höhe dieselben Kältegrade herrschten. Daher sind die Anzüge nun viel zu warm.

Es folgt die übliche Aufregung während der Abreise. Tausend Dinge müssen verpackt und verschickt werden. Einige mit der Bahn, andere mit dem Flugzeug. Viele Utensilien, etwa die Sauerstoffgeräte und Leuchtgeschosse, erfordern Spezialtransporte. Im letzten Moment stellen wir fest, dass die Ersatzpropeller in keinem normalen Eisenbahnwaggon Platz finden. Schließlich können wir sie in einem Wagen für Pferdetransporte unterbringen.

Wir bleiben 14 Tage in Karachi. Am 22. März verabschieden wir uns von den Beamten und den tüchtigen Leuten dieses Flugplatzes. Sie haben die Maschinen zusammengebaut. Seine Hoheit der Maharadscha ist ein begeisterter Flieger und ausgezeichneter Pilot. Der von ihm errichtete Flughafen kann es ohne weiteres mit allen Flughäfen in Westeuropa aufnehmen. Wir sind dort in einem luxuriösen, modernen Gästehaus untergebracht. Es steht im Schatten der Residenz des Maharadscha, einem massiven Schloss. Das Gebäude erinnert stark an das alte Rittertum von Radschput und verbreitet eine feudale Atmosphäre. Die Freundlichkeit und Gastfreundschaft, die Seine Hoheit und die Adeligen uns entgegenbringen, sind unübertroffen.

Am nächsten Tag landen wir auf dem Zivilflughafen des Kaiserlichen Delhi. Wieder werden wir von allen herzlich begrüßt. Am Nachmittag beehrt uns Seine Exzellenz Lord Willingdon mit seinem Besuch. Er ist der Vizekönig von Indien. Mit großem Interesse inspiziert er die Westlands und ihre komplizierten Einbauten. An diesem Abend folgen wir einer Einladung in seinen Palast. Früh am nächsten Morgen fliegen wir wieder nach Purnea. Dort ist alles für die Landung der Maschinen bereit.

Der Maharadscha lädt ein

Der Chefingenieur hat wahre Wunder vollbracht. Die Landebahnen und Hangars sind in hervorragendem Zustand. Auch um die Wasserversorgung und ein Dutzend anderer Dinge hat er sich in unserer Abwesenheit gekümmert. Die Expeditionsteilnehmer sind Gäste

Die Luftbildkamera verfügt über einen Thermostaten

Alle Kameras müssen elektrisch gewärmt werden. Andernfalls ziehen sich die beweglichen Teile der Geräte bei den extrem niedrigen Temperaturen zusammen und frieren fest. Die Filme würden brüchig werden. Die Heizung in den Filmmagazinen wird durch eine elektrische Vorrichtung vor Überhitzung in niedrigeren Höhen geschützt. Weitere Kabel laufen zu einem elektrischen Kontrollkasten. Dieser regelt die Belichtungsintervalle. Außerdem wird von hier aus kurz vor jeder Belichtung ein Signal in das Cockpit des Piloten übermittelt. In diesen Momenten muss er die Maschine möglichst ruhig halten.

des Maharadscha von Darbhanga. Er bringt uns in seinem sehr komfortablen, 100 Jahre alten Haus unter. Es ist extra für unseren Empfang neu möbliert und hergerichtet worden. Tagelang sind wir damit beschäftigt, uns einzurichten. Einige Tage später treffen unsere Ausrüstungsgegenstände mit der Bahn ein. Es dauert noch einige Zeit, bis wir alles ausgepackt haben.

Bis jetzt ist der Himmel klar gewesen. Der Bodennebel war gering. Auf niedrigen Höhen weht fast kein Wind. Um das Wetter müssen wir uns also offenbar keine Sorgen machen. Ich habe Dr. Roy, den Chef des Wetteramtes, um seine Unterstützung gebeten. Seine Abteilung soll uns bei der Ermittlung der Windrichtung und -geschwindigkeit in bis zu 12000 Metern Höhe zur Seite stehen. Auch seine Erfahrung mit den Witterungsbedingungen kann sehr hilfreich sein. Unter der Leitung des sehr fähigen S. N. Gupta wird uns ein Wetterteam zur Verfügung gestellt. Es liefert uns wertvolle Informationen und genaue Wettervorhersagen. Gupta lässt seine Wetterballone zweimal täglich aufsteigen. So kann er differenzierte Aussagen über den Wind machen. Zusammen mit den Daten vom Observatorium in Darjeeling wird sein Bericht dann in Kalkutta ausgewertet.

Besorgnis erregende Windgeschwindigkeiten

Die Ergebnisse sind sehr aussagekräftig und exakt. Aber auch sehr beunruhigend. Bislang sind in diesem Gebiet noch keine Beobachtungen der oberen Luftschichten vorgenommen worden. Jahrelang haben die Berichte normale Windgeschwindigkeiten festgehalten. Sie hät-

Der Makalu vom Everest aus gesehen

Das Foto zeigt die Westflanke des Nachbarberges des Everest. Gut zu sehen sind die extremen Steilhänge, tiefen Schluchten und dicken Eismassen. Bei dieser Aufnahme befindet sich das Flugzeug fast direkt über dem Gipfel des Mount Everest.

Die imposante Gipfelkette mit der höchsten Spitze, dem Everest

Der Lhotse liegt unter dem linken Rand der Wolke, der Chamlang links der Mitte. Der Gipfel des Everest ist verdeckt. Aus diesem immens weitläufigen Gebirge ergießt sich ein riesiger Eisstrom mit mehreren Zuströmen. Dieses Foto zeigt bislang unbekannte Ansichten der massiven Fels- und Eisformationen an den Südosthängen des Everest.

Alte Transportmittel treffen auf neue

Indische Machthaber auf ihren schiefergrauen Elefanten. Die Tiere sind mit Seide, Silber, Gold und Juwelen geschmückt. Die pompöse Abordnung ist gekommen, um die beiden Flugzeuge zu begutachten. Die Radschas, Plantagenbesitzer und Bauern erweisen sich als äußerst gastfreundlich gegenüber den Expeditionsteilnehmern.

ten keinerlei Schwierigkeiten für unsere Flugzeuge dargestellt.

In den nächsten Tagen kümmern wir uns um die Vorbereitung der Maschinen. Ständig kommen neue Wetterdaten herein. Wenn der Himmel klar ist, können Theodolit-Beobachter den Ballon in 7 600 Metern Höhe sehen. Die Windgeschwindigkeiten steigen alarmierend an. Selten liegen sie unter 110 Stundenkilometern. Bei früheren offiziellen Schätzungen galten 48 oder allenfalls 64 Kilometer pro Stunde als Maximalwerte. Ein Flugversuch bei mehr Wind ist zu gefährlich.

Ein starker Westwind kann die Maschinen auf dem Flug von Süden nach Norden leicht vom Kurs abbringen. Um dem zu begegnen, muss man ein wenig in den Wind steuern. Natürlich verbraucht die Maschine dabei mehr Treibstoff. Je stärker also der Wind in der Höhe, desto höher der Treibstoffverbrauch. Wenn wir den Versuch bei stärkerem Wind starten als von den Experten empfohlen, ist fraglich, ob noch genügend Treibstoff für den Rückflug bleibt. Vorsichtshalber hat Kommodore Fellowes deshalb eine weitere Landebahn näher am Gebirge vorbereiten lassen. Sie liegt in der Nähe des Ortes Forbesganj, etwa 64 Kilometer nördlich von Purnea.

Tag für Tag warten wir nun ungeduldig darauf, dass die Windstärke in 9 000 Metern Höhe auf annehmbare Werte sinkt. An manchen Tagen schöpfen wir Hoffnung; der Wind ist schwächer. Dann wieder sind die Berge wolkenverhangen. Unter diesen Umständen können keine Fotos gemacht werden. Wenn auch nur ein einziges Tal an den Südhängen von Wolken verdeckt ist, fliegen wir nicht. Denn das würde eine Unterbrechung in der Folge der alles entscheidenden Luftaufnahmen bedeuten. Diese sind schließlich der wichtigste Teil der Expeditionsarbeit.

Im April ändert sich das Wetter in Purnea in zehn- oder zwölftägigen Zyklen. Ein solcher Kreislauf setzt meist mit einer Störung ein, zum Beispiel mit einem Regensturm. Dann folgen mehrere klare Tage. Es weht ein schwacher Wind, und die Berggipfel sind von Wolkenhauben bedeckt. Daraufhin verziehen sich die Wolken. Die Gipfel sind wieder frei. In diesem Moment nimmt die Windgeschwindigkeit offenbar wieder deutlich zu.

Jeden Morgen steigt eine unserer Moths auf wenige tausend Meter. Meist ist Kommodore Fellowes der Pilot. Auf dieser Höhe sind die drei großen Berge klar erkennbar.

Gespannt erwarten wir das Abendtelegramm mit der Wetterprognose aus Kalkutta. Am frühen Morgen folgen dann die Berichte des Moth-Piloten und der Beobachter der Wetterballone. Werden wir je moderaten Wind ohne Wolkenmassen erleben? Alles scheint davon abzuhängen. Der Faktor Wetter ist plötzlich viel wichtiger, als wir dachten.

Ein spannender Sonntag

Am Samstag melden die Berichte zwar immer noch hohe, aber abnehmende Windstärken. Am Sonntag hat der Wind nachgelassen. Abends erfahren wir, dass der Wind weiter abnehmen wird. Können wir am nächsten Morgen endlich fliegen? Oder bilden sich doch wieder Wolken? Wird der Wind vielleicht sogar wieder stärker? Wir beschließen, dass wir das Risiko eingehen müssen: Wir fliegen auch bei stärkerem Wind. Vor Anspannung können wir kaum schlafen.

Dann kommt der Montag. Nach Auskunft der Astrologen ein günstiger Tag. Die Moth meldet kristallklaren Himmel. Die Meteorologen messen eine Windgeschwindigkeit von 91,2 Stundenkilometern in der Höhe. Die Würfel sind gefallen. Atemlos fahren wir die 14 Kilometer zur Landebahn in Lalbalu. Die Techniker müssen noch etliche letzte Vorbereitungen treffen. Wir platzen fast vor Ungeduld.

Wir vier schwitzen schon in den schweren Anzügen. Unbeholfen lassen wir uns in den zwei Maschinen nieder. Chefpilot Lord Clydesdale und ich als Beobachter und Fotograf fliegen in der „Houston-Westland“. Hauptmann McIntyre und Bonnet fliegen in der „Westland-Wallace“. Es ist der 3. April 1933, 8.25 Uhr.

Endlich in der Luft

Auf einmal geht das rumpelnde Rollen in einen ruhigen Flug über. Unsere plumpen Landmaschinen werden zu anmutigen Luftwesen. Sofort verändert sich auch die Stimmung der Insassen. Die Ängste und Sorgen bei der Vorbereitung auf dem Flugplatz sind vergessen. Ich fühle mich wie in Ekstase. So empfinden Infanteristen, wenn sie im Schützengraben von

In Nepal wird viel auf dem Rücken transportiert

Frauen und Männer tragen erstaunlich schwere Lasten. Gewöhnlich werden die Körbe mit einem Riemen über der Stirn gehalten. Man erzählt sich, eine Frau habe auf diese Weise ein Klavier über eine Entfernung von mehr als 150 Kilometern transportiert. Der junge Bursche im Vordergrund leidet nicht unter Höhenkopfschmerzen. Er ist lediglich kamerascheu.

ihrem Anführer den Befehl zum Angriff erhalten. Bis vor wenigen Augenblicken war ich bei dem Gedanken an die vielen technischen Details ganz nervös. Jetzt sagt mir eine innere Stimme, dass nichts mehr schief gehen kann. Viele wackere Männer haben sich geplagt, um diesen großartigen, zuverlässigen Motor zu bauen. Er wird uns nicht im Stich lassen. Ich sehe mir die Verstrebungen und Tragflächen an. Auch auf sie ist Verlass. Kein noch so scharfer Wind kann diese gewissenhafte Arbeit zerstören. Die Schubkraft des Motors trägt uns geradewegs nach oben.

Ein paar Minuten lang hänge ich diesen Gedanken nach. Dann verschmilzt das undeutliche Schachbrett der umgepflügten Felder unter uns zu einem einzigen Purpurrot. Bei diesem Anblick richte ich meine Aufmerksamkeit wieder auf die realen Dinge der Welt: Funktioniert die Lichtmaschine richtig? Ich betätige den Hauptschalter und erhöhe vorsichtig den Widerstand des Rheostaten. Die Nadel rührt sich nicht. Wir brauchen Strom, die Zeit drängt. Ich ziehe mir die Handschuhe aus und versuche die Schraube der Abdeckung mit dem Daumennagel aufzudrehen. Einen Moment lang tut sich nichts. Dann löst sie sich, und ich kann das Gehäuse öffnen. Ich drücke die Kontakte zusammen. Zu meiner Freude schwingt die Nadel des Spannungsmessers langsam über die Skala. Dann betätige ich einige Schalter und prüfe alle Funktionen. Ein schwaches Aufglühen von Hitze zeigt, dass Anzüge, Handschuhe und Kameras warm sind. Als Nächstes versuche ich, das Mikrofon einzuschalten. Es kommt nichts als Knacken und Brummen. Was ich auch tue, es gelingt mir nicht, es in Gang zu setzen. Der Pilot protestiert gegen den Lärm. Schließlich bleibt mir nichts anderes übrig, als den Kontakt abzubrechen. Der erste Misserfolg.

Nun kann ich mich in Ruhe umsehen. Ich verfolge unseren Aufstieg über dem mit dunklen Bäumen bewachsenen Mahabharat-Gebirge an der Südgrenze Nepals. Diese verschwimmt unter dem dichten Staubschleier der Ebenen. Etwas weiter links sehe ich einen

Im abgeschiedenen Kathmandu sind die Gebäude kunstvoll verziert

Auf den großen Plätzen der Hauptstadt von Nepal steht eine verwirrende Vielzahl an Palästen, Tempeln und Häusern. Sie sind mit fantasievollen Holzschnitzereien und mehreren übereinander liegenden Dächern geschmückt. Der Expeditionsleiter Oberst Etherton wurde vom Maharadscha zu den Krönungsfeierlichkeiten in Kathmandu eingeladen. Bei dieser Gelegenheit erhält er die Genehmigung für einen zweiten Flug über das verbotene Königreich.

Eine nepalesische Familie auf dem Land

Die Menschen in den Bergen arbeiten hart für ihre mageren Ernten, oder sie halten Vieh. Es sind fröhliche Menschen: Mit großer Gastfreundschaft empfangen sie die wenigen Fremden, die ihr abgeschiedenes Königreich besuchen.

Flug über das Dach der Welt

Beide Expeditionsflugzeuge fliegen in etwa 10 000 Metern Höhe. Sie nähern sich dem Everest. Die Maschine auf dem Foto befindet sich fast direkt über den Felsen des Lhotse. Kurze Zeit später bekommen die Maschinen die enormen Fallwinde zu spüren. Innerhalb weniger Sekunden verlieren sie etwa 600 Meter Höhe.

gewundenen grauen Strang. Dort schießt der Kosi aus engen Felsschluchten hervor. Vor uns steigt der Dunst bis zu einer scharfen, geraden Linie auf. Darüber wölbt sich der Himmel.

Das Panorama der höchsten Berge der Welt

Hinter uns fliegt unser Begleitflugzeug. Es ist blitzblank. Scheinbar bewegungslos hebt es sich vom tiefen Blau ab. Plötzlich zeigt sich etwa 130 Kilometer östlich ein winziger, makelloser Schneegipfel über dem purpurnen Meer.

Es ist der Kangchenjunga mit seinem wolkenverschleierten Gipfel. Reinstes Weiß gegen reinstes Blau. Einen Augenblick später taucht schließlich der Everest auf. Er wird von der verschneiten Pyramide des Makalu flankiert. Über der Nebellinie werden sie allmählich größer.

Ich bereite alles vor, um ihre Schönheit fotografisch festzuhalten: Diapositiv, Verschluss und Belichtung. Immer mehr Gipfel kommen in Sicht. Schließlich erstrecken sich ganze Reihen vor uns, so weit das Auge reicht. Die einzige Unterbrechung ist die Arun-Schlucht, in die sich der mächtige Fluss aus den Hochebenen Tibets ergießt. Weit im Norden ragen bald noch mehr weiße Gipfel über die Schulter des Everest. Sie

Die Straßen nach Nepal werden absichtlich in schlechtem Zustand belassen

Die Nepalesen ermutigen Fremde nicht unbedingt zu einem Besuch in ihrem Land. Sie bevorzugen ein zurückgezogenes Leben. Einige sehr gute Landstraßen erleichtern aber das Reisen. Zudem führt eine 40 Kilometer lange Eisenbahnstrecke von Indien an die Südgrenze von Nepal. Mittlerweile ist die Hauptstadt auch an das Telefonnetz angeschlossen. Für wissenschaftliche Zwecke erhält die Expedition die Sondererlaubnis, das Königreich zu überfliegen.

Salut!

Die Gurkha in Nepal sind eines der kriegerischsten Völker der Erde. Viele von ihnen verdienen ihren Lebensunterhalt als Söldner, sowohl in ihrem eigenen Land als auch in Indien. Seit 1815 verpflichten sie sich in der britischen Armee.

Die Everest-Post kommt an Bord

Oberst Etherton reicht dem Beobachter der „Westland-Wallace" einen Stapel Briefe. Sie sollen mit über den Everestgipfel fliegen. Anschließend werden sie per Luftpost nach Europa befördert. Es handelt sich um erlesene Fracht für ausgewählte Empfänger. Darunter Ihre Majestät, die Königin, der Prinz von Wales und Lady Houston, die Sponsorin der Expedition.

sind vielleicht hunderte von Kilometern entfernt. Durch eine optische Täuschung erscheinen sie noch höher als der große Berg selber.

Jetzt muss ich dafür sorgen, dass der Spannungsmesser genügend Leistung anzeigt. Abermals muss ich den Rheostat regulieren, damit unsere Anzüge beheizt werden. Ich darf ihn nicht zu hoch einstellen, sonst brennt die Sicherung durch. In der durchdringenden Kälte dieser endlosen Weite jenseits der Erde würde sofort alles gefrieren.

Ich sehe auf die große Bildkamera für Senkrechtaufnahmen hinunter. Alles scheint gut zu funktionieren. Wir fliegen über dem Chamlang-Grat entlang. Er endet in einem etwa 7 300 Meter hohen Gipfel. Vom Everest-Massiv ist er durch Gletscher und schneegefüllte Senken getrennt. Der Höhenmesser zeigt jetzt mehr als 9 700 Meter an. Wir lassen den Chamlang hinter uns. Vor uns erheben sich nun der Lhotse und der unberührte Everest. Ich bereite die Kameras wieder vor. Plötzlich spüre ich, wie das Flugzeug rapide an Höhe verliert. Ich werfe einen Blick auf den Höhenmesser. Innerhalb weniger Sekunden haben wir weit über 100 Meter Höhe verloren.

Ein Anblick, den noch niemand zuvor hatte

Ich richte mich auf und sehe hinaus. Da ist der Everest. Direkt vor uns erhebt er sich so gewaltig, dass wir kaum den Gipfel erkennen können. Unsere großartige Maschine trägt uns höher und höher. Blitzschnell zieht die faszinierende, makellose Spitze unter uns vorbei. Ich blicke durch die Bodenluke nach unten und sehe, was nie zuvor ein Mensch gesehen hat. Keine Worte können das Überwältigende dieses Anblicks beschreiben. Es ist unglaublich. Ich bin sprachlos.

Im selben Moment erfassen erneut starke Wirbelwinde die Maschine. Innerhalb von nur ein, zwei Sekunden stößt sie 500, vielleicht sogar 600 Meter hinab.

Blick zurück über das Heck: Die Arun-Schlucht schneidet eine tiefe Furche durch den Himalaja

Die dramatischen Schluchten mit ihren zahllosen Felsen aus schwarzem Stein und den gewaltigen Eishängen liegen rechts im Bild. Kein noch so wohlhabender indischer Cäsar hat diese Super-Alpen in Zentralasien je überquert. Das Hindernis war unüberwindbar. Die Eismassen fungieren als das größte natürliche Wasserreservoir. Unglaubliche Mengen an Eis und Schnee speisen mächtige Ströme. Für Millionen von Menschen in Indiens nördlichen Ebenen befördern sie lebensnotwendiges Wasser und fruchtbaren Schlamm.

Blick auf Darjeeling, Ausgangspunkt zahlreicher Expeditionen

Die hoch gelegene indische Stadt thront über einer gewaltigen Schlucht in den Ausläufern des Himalaja. Für viele tausend Besucher ist Darjeeling hauptsächlich ein Aussichtspunkt auf den Himalaja. Denn aus direkter Nähe kann man an klaren Tagen von hier den Everest und den Kangchenjunga sehen. In der hiesigen Wetterstation werden Beobachtungen für die Flieger gesammelt. Später werden sie mit denen anderer Orte abgeglichen. Die Aufnahme wurde aus 4 200 Metern Höhe gemacht.

Der Makalu wird auch „Mutter Erdes großer Sessel" genannt

Der mächtige Kamerad des Everest ist mit einem Kissen aus Schnee und Eis gepolstert. Dieser Blick zeigt die massige Südostflanke. Die makellose Schneespitze des Makalu gehört zu den ersten, die während des Fluges aus dem Dunst auftauchen.

Königliche Elefanten unterstützen die Ehrung der Flieger

Diese Tiere sind Eigentum des Maharadscha von Darbhanga. Er ist ein großzügiger und zuvorkommender Gastgeber für die Expeditionsteilnehmer. Zu ihrem Empfang lässt der Maharadscha ein komfortables Haus neu möblieren.

Die Geburt eines Gletschers in großer Höhe

Diese erstaunliche Senkrechtaufnahme zeigt einen der riesigen Gletscher unterhalb des mächtigen Everest-Massivs. Das Bild wurde mit einem Reihenbildner erstellt. Zu Vermessungszwecken wird mit diesem Gerät eine fortlaufende Bildreihe aus der Vertikalen gemacht. Diese Aufnahmen ermöglichen es, den Gipfel des Everest in Relation zu bereits bekannten Punkten zu bringen. So können Karten über noch unerforschtes Gebiet angefertigt werden.

Der Pilot dreht das Flugzeug sofort in den Wind. Für kurze Zeit kämpfen wir gleichzeitig gegen den Wind und den Absturz. So kommen wir trotz unserer Geschwindigkeit von 193 Stundenkilometern kaum voran. Aber unser ausgezeichnetes Triebwerk trägt uns über alles hinweg. Bald schweben wir wieder über dem gewaltigen, unberührten Gletscher südlich der Gebirgsketten. Wir umfliegen den höchsten Gipfel. Dabei kommen wir durch die berühmte Wolkenfahne des Berges. Dieses mächtige, kilometerlange weiße Band kann man schon aus weit über 300 Kilometern Entfernung bewundern. Riesige Eisflocken prasseln ins Cockpit. Sie haben eine solche Wucht, dass eines der Fenster fast zerbricht.

Der Pilot beherrscht die Maschine perfekt. Er fliegt große Kurven. Ich mache in rascher Folge Schrägaufnahmen von den gewaltigen Eisklippen. Dann überfliegen wir die unberührte

Ein heiliger Mann mit einer Gebetskette

Er sitzt auf heiligen *ghats*, stufenförmigen Verbrennungs- und Badeplätzen, nahe Kathmandu. Seine Frömmigkeit und Selbstlosigkeit sind berühmt. Die Religion der Gurkha ist eine frühe Form des Hinduismus. Sie beeinflusste den Buddhismus von Nepals Ureinwohnern.

Noch immer sind wir überwältigt von dem ungeheuren Anblick. Diese vollkommene, wilde Schönheit hat nie zuvor ein Mensch zu Gesicht bekommen. Sollte im Leben auch sonst nichts mehr gelingen – dieser Erfolg wäre schon genug.

Aus den Höhen zu einer Enttäuschung

Um 11.25 Uhr landen wir in Lalbalu. Wir werden stürmisch begrüßt. Aber unsere Freude wird durch ein wahres Pech getrübt: Wir entdecken, dass die Luftbildkameras für Senkrechtaufnahmen nicht richtig funktioniert haben! Die niedrigeren Berge sind von Staubwolken verdeckt. Statt vollständiger und sich glatt überlappender Bildstreifen haben wir nur unzusammenhängende Einzelaufnahmen. Das Ergebnis ist unserer Expedition in keiner Weise angemessen.

Immerhin haben wir 35 faszinierende Bilder aus schräger Perspektive. Und diese übertreffen alle Erwartungen. Eines zeigt sogar den Gipfel selber. Aufgenommen aus nicht einmal 100 Metern Entfernung während der brisanten Phase.

weiße Pyramide des Makalu. Er ist mit dem Everest über einen schmalen Grat verbunden. Nach ein oder zwei weiteren Kurven muss der Pilot umkehren. Wir wagen es nicht, zu viel Treibstoff zu verbrauchen. Es bleibt noch Zeit, ein paar Aufnahmen zu machen. Dann erhebt sich der unfassbare Gipfel auch schon hinter der Linie des Heckruders.

Bald sind wir wieder über den Schluchten des Arun. Wir steuern nach Süden auf unseren Landeplatz zu.

Aber unser eigentliches Ziel haben wir nicht erreicht. Von Anfang an galt unsere Expedition wissenschaftlichen Zwecken. Einzig und allein vor diesem Hintergrund konnten wir es rechtfertigen, dass Piloten ihr Leben riskierten. Das Ziel ist die Erforschung und Kartierung der unzugänglichen südlichen und westlichen Hänge und des Gipfels dieses unberührten Berges.

Die wissenschaftliche Welt wusste, dass wir planen, diese Bildfolgen aus der Vertikalen aufzunehmen. Es war auch bekannt, dass wir nötigenfalls einen zweiten Flug versuchen würden. Trotzdem erhalten wir jetzt etliche Telegramme aus England. Man drängt uns, die Expedition abzubrechen. Aber wenn wir jetzt aufgeben, blamieren wir uns für alle Zeiten. Außer dem persönlichen Risiko spricht letztlich nichts gegen einen zweiten Flug.

Der zweite Versuch

In den folgenden Tagen ist es stark bewölkt. Am Morgen des 19. April brechen die beiden Flugzeuge dann wieder zum Everest auf.

Immer noch fürchten wir, dass ein Defekt etwa an einem der empfindlichen Mechanismen auftreten könnte. Aber an diese Sorgen haben wir uns fast schon gewöhnt. Jetzt kommt allerdings ein neues Problem hinzu: In 7 300 Metern Höhe misst der Theodolit eine Windgeschwindigkeit von 140 Stundenkilometern. In größerer Höhe ist der Wind sogar noch stärker.

Ein Lama und seine Frau bei einem Kloster in Kathmandu

Die Frau trägt eine Halskette aus Türkisen. Diese Steine finden sich im Himalaja. Wohlhabende Nepalesinnen führen ihren Besitz gern vor. Sie schmücken sich verschwenderisch mit Perlmuttschmuck, Nasen- und Ohrringen aus Gold, Silber und Halbedelsteinen.

Wir müssen also einen navigatorischen Kunstgriff anwenden. Hauptmann McIntyre hat ihn für den Notfall entwickelt. Wir halten uns leicht nördlich unseres Westkurses auf einer Höhe von knapp 1 000 Metern. Dort ist die Windstärke sehr gering. Dann steigen wir höher. Bis auf über 7 800 Meter ist ganz Nepal unter einer glatten Wolkendecke begraben. Es folgen einige sehr spannende Minuten. Im Nordnordosten erstrahlen Everest und Makalu in leuchtendem Weiß gegen das Gewölbe von Blau. Ein endlos langes Eiswolkenbanner wird vom Everest-Gipfel nach Osten geweht. Es zeugt von der verheerenden Kraft des Windes. Wir müssen die südlichen und südwestlichen Hänge erforschen. Noch wissen wir nicht, ob sie wolkenfrei sind. Daher zögern wir, unseren Sauerstoff aufzudrehen. Wenn er einmal

Rundflug über dem Gipfel des Everest – manchmal mit nur 30 Metern Abstand

Diese Nahaufnahme vom Dach der Welt ist in die Annalen der Forschung eingegangen. Sie ist ebenso sensationell wie Robert E. Pearys Foto vom lange unerreichten Nordpol und Richard Byrds Panoramabild des Südpols. Ein stürmischer Wind treibt die gewaltige Wolkenfahne nach Osten. In der Mitte ist die Route der Bergsteiger. Hier fanden der tapfere George Mallory und Andrew Irvine auf ihrer Expedition 1924 den Tod.

Ein Berg, der auf seine Identifizierung wartet

Aufnahmen aus großer Höhe und verschiedenen Blickwinkeln sind bisweilen schwer zu deuten. Besonders dann, wenn sie über nicht kartiertem und nie zuvor aus der Luft gesehenem Gebiet gemacht werden. Wahrscheinlich handelt es sich bei diesem Gipfel um das äußerste westliche Ende des Chamlang. Er hat jedoch eine verblüffende Ähnlichkeit mit dem Everest.

Der Makalu ist ein majestätischer Berg

Mit dem Chamlang im Rücken fliegt die Expedition nach Westen. Dabei entsteht dieses Foto vom Gipfel des Makalu. Zu Unrecht wird er oft nur als Nebengipfel des Everest bezeichnet. Unter der Tragflächenspitze ist der Lhotse zu erkennen.

aufgebraucht ist, haben wir keinen vollständigen Satz der 750-Liter-Flaschen mehr. Wir müssen sie für einen dritten Versuch aufsparen.

Ohne Sauerstoffversorgung steigen wir auf fast 5 500 Meter. Glücklicherweise funktioniert das Bordtelefon. So können wir gemeinsam beratschlagen. Endlich öffnen sich die Wolken in Richtung Everest. Sofort wird die Entscheidung gefällt. Clydesdale ändert den Kurs nach Norden. Und schon fliegen wir erneut auf den großen Berg zu.

Flug über einer Wolkendecke

Kilometerweit ist nichts als eine ebene weiße Wolkendecke unter uns zu sehen. Dann gleiten wir langsam über ein Bergtal mit Terrassenfeldern. Es liegt fast acht Kilometer weit unter uns und wird von einem schäumenden Fluss durchschnitten. Äcker und bewaldete Hänge weichen bald Schneefeldern. Danach folgen vereiste Schluchten.

Mittlerweile hat sich der elektrische Antrieb des Luftbildgerätes eingeschaltet. Der Mechanismus arbeitet einwandfrei. Diesmal will ich auch nicht das kleinste Risiko eingehen. Alle 20 Sekunden bewegt sich der Auslöser in dem Lederkasten zwischen Motor und Kamera. In diesem Moment unterstütze ich die Drehung des Aluminiumknaufs jedes Mal ganz vorsichtig mit der Hand. Mit einem Surren wechselt der Film. Der Verschluss wird automatisch für die nächste Aufnahme vorbereitet. Das wiederhole ich eine Zeit lang. Aber plötzlich gibt es eine neue Schwierigkeit.

Ich blicke durch den offenen Boden nach unten: Jetzt ist der Wind so stark, dass wir kaum noch vorankommen. Der Pilot teilt mir mit, dass er sich für einen neuen Kurs entschieden hat. Zum Glück befinden wir uns weit genug im Norden. So kommen wir auch auf dem geänderten Kurs noch über den Lhotse. Bei diesem Flug ist dieser Berg unser Ziel, nicht der Gipfel des Mount Everest. Wir wollen ein Luftbild vom Lhotse machen, auf dem auch die südlichen Abhänge des Everest zu sehen sind. Mittlerweile hat die Maschine wieder etwas Geschwindigkeit aufgenommen. Der elektrische Antrieb der Luftbildkameras funktioniert nach wie vor

Wie wird das Wetter morgen?

Der Erfolg des Fluges hängt von den Sichtverhältnissen und der Windgeschwindigkeit ab. Letztere beträgt im geplanten Fluggebiet in großer Höhe selten weniger als 110 Stundenkilometer. S. N. Gupta (Mitte rechts) nimmt in Purnea zweimal am Tag alle wichtigen Messungen vor. Sie werden von Berichten aus Darjeeling ergänzt und in Kalkutta miteinander abgeglichen.

regelmäßig; unsere Begleitmaschine ist ganz in der Nähe. Alles scheint in bester Ordnung. Der Berg kommt immer näher, sieht immer gewaltiger aus.

Die Windgeschwindigkeit auf 9750 Meter beträgt mindestens 180 Stundenkilometer. Zumindest profitieren wir jetzt ein wenig davon. Trotz des starken Windes gibt es keine Turbulenzen. So können wir zusätzliche Höhe gewinnen. Beides ist sehr vorteilhaft für unsere Luftaufnahmen.

Inzwischen wissen wir, wo die großen horizontalen Wirbel auf der Windseite des Lhotse zu erwarten sind. Ihnen auszuweichen ist daher nicht schwer. Starke Wirbel könnten uns in eine erhebliche Schräglage bringen. Eine schlechte Voraussetzung für Senkrechtaufnahmen.

Harte Arbeit in luftiger Höhe

Inzwischen habe ich wieder alle Hände voll zu tun. Ich kämpfe um Sauerstoff. Gleichzeitig muss ich alle paar Sekunden die Luftbildkameras auf dem Boden des Cockpits kontrollieren. Dann muss ich wieder aufspringen, die zuverlässige Williamson P. 14 aufnahmebereit machen, das Diapositiv einlegen, Belichtungszeit und Objektiv wählen. Schließlich muss die Kamera gegen die Vibration des Triebwerks abgefedert und der Auslöser betätigt werden. Danach hülle ich das Diapositiv sofort wieder ein und lege es vorsichtig in seine Box zurück. Darin sind die Platten gegen die extrem starke Lichtkraft in dieser Höhe geschützt.

Der Pilot steuert die Maschine mit einzigartiger Präzision. Ich bin wieder voller Zuversicht. Bald fliegen wir erneut über die erschreckenden Klippen des Lhotse mit seinen riesigen zerklüfteten Felsen. Noch einmal kommen wir nahe an den Everest heran. Er hat nichts von seiner Erhabenheit und überwältigenden Schönheit verloren.

Die Maschine kreist ruhig. Als gäbe es keinen Hurrikan, der die zehn Kilometer lange Wolkenfahne am Everest-Gipfel vor sich her treibt. Ich fotografiere ununterbrochen. Dabei muss ich mich vor allem daran erinnern, welche

Mit der Pracht der Moguln wird die Expedition begrüßt

In einer zirkusähnlichen Prozession schreiten diese Elefanten einher. Sie sind mit kostbaren Brokatstoffen und juwelenbesetzten Fußketten geschmückt. Der Schmuck wird in aufwändiger Handarbeit gefertigt. Zu Ehren der Forscher ziehen die Tiere einen mit Edelsteinen besetzten silbernen Wagen. Es ist die Equipage des Maharadscha von Darbhanga.

Motive in der ersten Serie noch fehlen. Diese Lücken müssen jetzt geschlossen werden.

Die größte Angst – und der Triumph

Jetzt haben wir nicht mehr viel Zeit. Wir müssen umkehren. Zuerst drehen wir nach Südwesten ab. Kurz danach zeichnet sich unser Seitenruder als Silhouette gegen die schneebedeckte Pyramide des Makalu ab. Vor uns öffnen sich die großen Schluchten des Arun. In aller Ruhe steuern wir nun unseren Landeplatz an.

Gleich kommt der Moment, vor dem wir uns am meisten fürchten. Wir haben alles riskiert, um die Luftaufnahmen zu machen. Sie müssen ein Erfolg werden. Es gab hunderte möglicher Missgeschicke. Ein einziges hätte die Aufnahmen verdorben. Keine Kamera hat je bei solch glühender Hitze und eisiger Kälte funktionieren müssen.

Endlich berühren die Räder den vertrauten grünen Rasen von Lalbalu. Es folgt eine bange Stunde. Die geschickten Hände des leitenden Flugzeugtechnikers D. H. Fraser arbeiten in vollständiger Dunkelheit. Dann reißen wir ihm den zwölf Meter langen Film aus den Händen. Alles ist in Ordnung. Wir haben es geschafft. Die Eagle-Kameras haben gesiegt. Die Wissenschaft triumphiert über den Mount Everest.

VOL. CVI, NO. 1 WASHINGTON JULI 1954

THE NATIONAL GEOGRAPHIC MAGAZINE

Triumph am Everest

I. Belagerung und Angriff

VON BRIGADEGENERAL SIR JOHN HUNT, TRÄGER DER ORDEN C.B.E. UND D.S.O.

Leiter der Britischen Everest-Expedition

ES IST WIE in einem Albtraum in Zeitlupe. Wir kriechen mit bleiernen Füßen die steile, verschneite Schlucht hinauf. Wir ringen nach Luft. Ich bleibe eine Minute lang stehen, stolpere dann acht, neun Schritte weiter, klammere mich an meinem Eispickel fest.

Endlich kommen Atem, Leben und Wille zum Weitermachen zurück. Mühsam gehe ich noch ein halbes Dutzend Schritte vorwärts und nehme das Seil auf für Da Namgjal. Er ist tapfer, wortkarg und mannhaft wie jeder Sherpa. Aber physisch ist er am Ende. Mit 20 Kilo Tragegewicht haben wir bei 8 230 Metern den South Col des Everest – den Südsattel – unter uns gelassen. Jetzt hoffen wir, auf dieser Schneeschulter für Hillary und Tensing ein Camp errichten zu können. Von dort aus sollen sie für die Expedition den zweiten und letzten Angriff auf den Gipfel beginnen.

Kurz vor der Belastungsgrenze

Tom Bourdillon und Charles Evans drängen weiter nach oben und verschwinden vor uns in den Nebel. Sie sind von dem Wunsch getrieben, die ersten auf dem Gipfel zu sein. Doch das abgespannte Gesicht des Sherpas und die qualvolle Arbeit meiner Lungen signalisieren mir, dass wir die Belastungsgrenze erreicht haben. Ich bin zu benommen, um zu erkennen, dass mein Sauerstoffgerät blockiert ist. Ich leide an drastischem Sauerstoffmangel.

Wir schaffen noch rund 100 Meter und kommen am zerfetzten Zelt der Schweizer Expedition aus dem Vorjahr vorbei. Bei 8 340 Metern halten wir auf einem Vorsprung an. Er ist gerade groß genug, um darauf zu sitzen. Wir verstauen unsere Last – ein Zelt, Nahrungsmittel, Kerosin, Kerzen, Streichhölzer und unsere Sauerstoffflaschen – in einer Senke auf dem Südostgrat und markieren sie mit einem Steinhaufen. Bevor wir umkehren, blicke ich noch einmal durch das aufgewühlte Wolkenmeer. Wie schon so viele „Everester" frage ich mich, welche Macht mich hierher getrieben hat. Unterkühlt, erschöpft und benommen stehe ich

Die National Geographic Society beschreibt hier in ihrer offiziellen Publikation die Besteigung des höchsten Bergs der Welt. Sie wurde ermöglicht durch die Kooperation der Royal Geographical Society, des Alpine Club of Great Britain sowie der Verlagshäuser E. P. Dutton & Company und Hodder & Stoughton, in denen das amerikanische beziehungsweise britische Begleitbuch erschienen ist: „The Conquest of Everest" von Brigadegeneral Sir John Hunt und Sir Edmund Hillary. „The Picture of Everest" wird bald in denselben Verlagen erscheinen. – Die Redaktion

Das Ziel: Mount Everest, 8 840 Meter hoch

Der Gigant des Himalaja – er widersetzt sich den besten Bergsteigern der Welt. Sie versuchen seit 32 Jahren, ihn zu erobern. Er zwang sieben große Expeditionen in die Knie. Mindestens 16 Männern kostete er das Leben. Am 10. März 1953 wagt eine britische Gruppe unter Führung von John Hunt einen erneuten Angriff. Das Luftbild zeigt den Blick von Nepal nach Tibet.

Auf den Straßen von Bhadgaon bewegen sich die Träger der Expedition gen Everest

Vor dem Zweiten Weltkrieg nahmen die Bergsteiger von Tibet aus die Nordseite des Everest in Angriff. Dann marschierten die Rotchinesen in Tibet ein. Der Weg von Süden wurde versperrt. 1951 erforschte eine britische Gruppe eine Route durch Nepal. Sie eröffnete die Südwestflanke des Everest und ebnete den Weg für den Angriff von 1953. Wilfrid Noyce – auf dem Foto mit Rucksack – bildet in diesem Vorort der nepalesischen Hauptstadt Kathmandu die Nachhut.

auf einem kargen Ausguck am höchsten und unwirtlichsten Berg der Welt.

Die Antwort ist eine lange Geschichte. Sie ist nicht nur meine. Sie erzählt vom Schicksal vieler tapferer Bergsteiger. Sie beginnt, so meine ich, weder in London noch an den Ausläufern des Everest, sondern in der weit entfernten, wolkenverhangenen tibetischen Stadt Lhasa. Hier, in einer Anlage des Jewel Park, überreichte der Dalai Lama dem britischen Agenten Sir Charles Bell am 9. Dezember 1920 ein wertvolles Dokument. Auf dem nicht signierten Stück Papier war zu lesen:

«Westlich der fünf Schatzkammern des Great Snow Mount, im Zuständigkeitsbezirk von White Glass Fort nahe dem Kloster Inner Rock Valley, liegt ein Bezirk namens Südland, in dem Vögel gehalten werden.»

Erster Zugang für Bergsteiger im Jahr 1920

Dieses Schriftstück und der offizielle Pass symbolisieren die erste, lang verweigerte

Gebeugt unter knapp 30 Kilo Gewicht, schwanken die Träger über den tosenden Dudh Kosi

Viele berühmte Alpenspitzen können von Bergsteigern an einem Tag bestiegen und wieder verlassen werden. Als Proviant reichen eine Flasche Wasser und ein Sandwich. Doch allein die Annäherung an einen der großen Berge im Himalaja erfordert monatelange Vorbereitungen, Tests und eine sorgfältige Zusammenstellung der Ausrüstung. Dann muss eine Brigade von Trägern mobil gemacht werden. Es folgen wochenlange Märsche durch die Bergausläufer. Vorräte werden tonnenweise von Bombay nach Kathmandu gebracht. 450 Träger schleppen sie von dort in 17 Tagen 280 Kilometer weit nach Thjangboche. Der Everest, eisig und gleichgültig, liegt noch immer 24 Kilometer entfernt.

«Heil dem Juwel im Lotus» lautet das gemalte Gebet auf einem Felsvorsprung über dem Solu-Tal

Von Kathmandu aus überquert die Expedition in 1 280 Metern Höhe die Wasserscheide des Himalaja. Sie erklimmt Pässe, die höher sind als die Pyrenäen. Es geht vorbei an Rhododendren, pastellfarbenen Primeln und schneeweißen Magnolien. Zwischen den Bäumen sehen die Alpinisten Scharlachmennigvögel, Meisen, Nektarvögel und Fliegenschnäpper. Nach Monaten der mühsamen Vorbereitung und der tagelangen beschwerlichen Anreise empfinden sie diesen Marsch als Urlaub.
Wer auf dem Everest in mehr als 6 000 Metern Höhe arbeitet, verliert täglich mehrere Pfund Körpergewicht. Außerdem verbringt man viele schlaflose Nächte. Deshalb isst jetzt noch jeder mit Appetit und nutzt jede Gelegenheit zu einem Nickerchen.
Um 6 Uhr setzt sich die Karawane in Gang. Gegen 8.30 Uhr nehmen die Männer an einem tosenden Fluss ein Frühstück aus Porridge, Eiern und Speck ein. Sie können schwimmen, Briefe lesen oder Schmetterlinge fangen. Am frühen Nachmittag wird das Camp errichtet. Auf dem Foto (**unten**) blickt George Lowe von einem Felsvorsprung in Nepal nach Indien.

Der vom Nebel umkränzte Khumbila oberhalb eines Klosters

Der Abt von Thjangboche serviert den Expeditionsteilnehmern im höchstgelegenen Zimmer gebutterten tibetischen Tee und warnt sie vor dem Schneemenschen.

Die Fußstapfen des Fabelwesens wurden in den hohen Eisfeldern des Himalaja schon oft fotografiert. Der Abt beschreibt es als rot behaart und 1,50 Meter groß. Er berichtet, der „Yeti" sei in einem Winter in die Klosteranlage (**oben**) gekommen. Doch habe man ihn mit lauten Tönen aus Hörnern und Muschelhörnern vertrieben.

Hunt verspricht, nach dem Ungeheuer Ausschau zu halten. Im Gegenzug will der Abt beim Morgengebet um die sichere Rückkehr der Expedition bitten.

Einige europäische Bergsteiger vermuten, dass es sich bei dem Schneemenschen um eine seltene Form des Kragenbärs oder um einen großen Langur handelt.

Nepalesische Träger laufen in Richtung Thjangboche (**rechts**). Entlang der Route begrüßen Dorfbewohner die Karawane mit Tee aus bunt bemalten Kannen und *Chang*, einem aus Reis gebrauten Bier.

Erlaubnis für die Besteigung des welthöchsten Gipfels durch Europäer. Die fünf Schatzkammern sind die fünf Gipfel des Kangchenjunga. White Glass Fort ist die Bergstadt Shekar Dzong. Das Kloster liegt im Rongbuk-Tal. Das „Südland, in dem Vögel gehalten werden", ist gleichbedeutend mit *Chomolungma*, der „Göttin Mutter Erde", dem Mount Everest.

Innerhalb der folgenden 32 Jahre machten sich sieben gut ausgerüstete Großexpeditionen auf den Weg. Sie wurden von erstklassigen Bergsteigern geführt und meist auch von einer kleinen Armada von Trägern unterstützt. Jede dieser Expeditionen wagte den totalen Angriff, warf alles in die Waagschale, riskierte Menschenleben – und verlor.

Bis zum Mai des Jahres 1953 blieben die gigantischen 8 840 Meter des Everest auf der Grenze zwischen Nepal und Tibet unberührt. Sieben britische Bergsteiger, ein Sherpa und ein Schweizer haben sich die Hänge aus Eis und Felsen hinaufgekämpft. Sie sind bis auf 305 Meter an den Gipfel herangekommen. 1924 verschwanden George Leigh Mallory und Andrew Irvine für immer im Nebel der Nordostflanke. Niemand weiß, wie hoch sie vorher gekommen waren.

Bei 6 000 Metern baut der Körper ab

Was ist das für ein Berg, der all diese Jahre jeden Ansturm abgewehrt und die Leben von mindestens 16 Männern gefordert hat?

Es gibt schließlich Gipfel, die wesentlich mehr Kletterarbeit verlangen. Der Mount McKinley in Alaska beispielsweise ragt 5 791 Meter über die Ebene zu seinen Füßen hinaus. Der Everest erhebt sich nur 3 658 Meter über das tibetische Plateau, das auf einer Höhe von 5 182 Metern liegt. In den Alpen gibt es ein halbes Dutzend Gipfel, die höhere technische Anforderungen stellen. Der Everest lässt mit Sommertemperaturen von minus 40 Grad in der Nacht die Knochen seiner Angreifer gefrieren. Aber Forscher auf der grönländischen Eiskappe haben noch bei minus 60 Grad überlebt.

Kälte, Wind und die Schwierigkeit des Aufstiegs in extremer Höhe machen den Everest zu einem mörderischen Gipfel. Bei 8 500 Metern enthält die eingeatmete Luft nur noch ein Drittel der Sauerstoffmenge, die Luft auf Höhe des Meeresspiegels enthält. In niederen Lagen braucht ein Mann bei größter physischer Anstrengung 50 Liter Luft pro Minute. Nahe dem Gipfel kämpft er um bis zu 200 Liter kalter, trockener Luft.

Herz und Lunge passen sich dem erhöhten Druck an

Würde ein durchschnittlicher Bergsteiger ohne Vorbereitung dem niedrigen atmosphärischen Druck der oberen Höhenzüge des Everest ausgesetzt, wäre er nach fünf bis zehn Minuten tot. Akklimatisiert er sich im Lauf eines Monats durch wiederholte Aufstiege auf 4 500 bis zu 6 000 Meter, stellt sich sein Körper darauf ein, zu überleben. Das Knochenmark, das die roten Blutkörperchen für den Sauerstofftransport produziert, passt sich den erhöhten Anforderungen an. Es erhöht die auf Meeresspiegelhöhe benötigte Menge von etwa fünf Millionen roter Blutkörperchen pro Kubikmillimeter auf ungefähr acht Millionen. Auch die Herzmuskeln fügen sich der neuen Belastung. Die Lungen gewöhnen sich daran, im Rhythmus eines Trommelfeuers zu atmen.

Aber selbst hervorragend akklimatisierte Bergsteiger sind auf dem Everest nicht vor der Höhenkrankheit geschützt. Über 7 600 Meter werden die Beine schwer, die Augen lassen nach. Der Eispickel hängt wie ein Brecheisen in der Hand. Ein wenig Schnee in der Pfanne zum Schmelzen zu bringen, wird zu einer Aufgabe, die kaum zu bewältigen ist. Der Himalaja-Veteran Frank Smythe beschrieb dieses Phänomen so: «Auf dem Everest ist es anstrengend zu kochen, anstrengend zu reden, anstrengend zu denken und fast zu anstrengend zu leben.»

Monsun und Winter verteidigen den Gipfel

Die raffinierteste Methode, mit der sich der Everest verteidigt, sind seine Wetterbedingungen. Nur während einiger schwer vorhersagbarer Tage im späten Frühjahr ist der Berg zugänglich. Dann kommen die Nordweststürme zur Ruhe. Der schneelastige Monsun hat noch nicht eingesetzt. Auch im Herbst gibt es eine kurze Zeit, in der der Aufstieg günstig ist. Im Winter sind die Flanken der Bergspitzen mitunter sogar schneefrei – geradezu einladend. Aber der Wind, der (*Fortsetzung auf Seite 61*)

Die nepalesischen Dörfer mit strohgedeckten Häusern erwachen beim lauten Schritt der Träger

Die meisten Felder liegen noch im Winterschlaf. So gibt es keinen Mangel an Trägern. Sie heuern für drei Rupien – 63 US-Cent – am Tag an. Einmal bricht ein Kampf zwischen den Trägern aus, die mit *Kukri* – Bergmessern – bewaffnet sind. Ansonsten verläuft der Marsch durch die Dörfer (**oben**) – auf dem Foto durch Risingo – friedlich.

Der Dudh Kosi führt Gletscherwasser: Hillary genießt sein letztes Bad für Monate

Eine Woche, bevor das Bild (**unten**) aufgenommen wurde, sprang Evans in den Fluss Likhu, um zu baden. Er wurde von einer starken Strömung nach unten gezogen. Bevor Hunt und Hillary nach ihm tauchen konnten, wurde er wieder hochgespült, gegen einen Felsen geschleudert und erneut hinabgezogen. Im letzten Moment konnte er dem Sog entkommen.

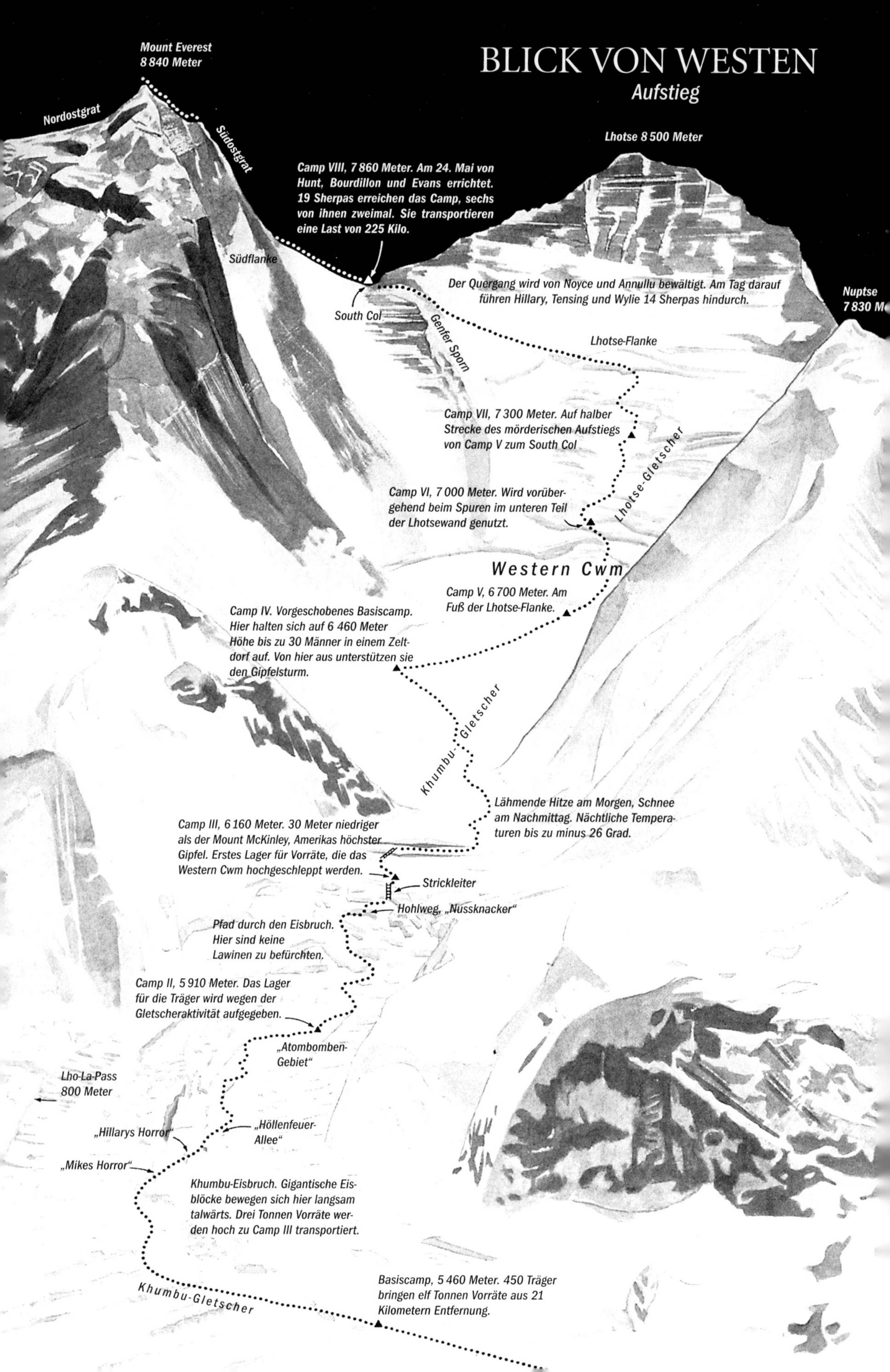
BLICK VON WESTEN
Aufstieg
Mount Everest
8 840 Meter
Nordostgrat
Südostgrat
Südflanke
Lhotse 8 500 Meter
Nuptse
7 830 M
Camp VIII, 7 860 Meter. Am 24. Mai von Hunt, Bourdillon und Evans errichtet. 19 Sherpas erreichen das Camp, sechs von ihnen zweimal. Sie transportieren eine Last von 225 Kilo.
South Col
Genfer Sporn
Der Quergang wird von Noyce und Annullu bewältigt. Am Tag darauf führen Hillary, Tensing und Wylie 14 Sherpas hindurch.
Lhotse-Flanke
Camp VII, 7 300 Meter. Auf halber Strecke des mörderischen Aufstiegs von Camp V zum South Col
Lhotse-Gletscher
Camp VI, 7 000 Meter. Wird vorübergehend beim Spuren im unteren Teil der Lhotsewand genutzt.
Western Cwm
Camp V, 6 700 Meter. Am Fuß der Lhotse-Flanke.
Camp IV. Vorgeschobenes Basiscamp. Hier halten sich auf 6 460 Meter Höhe bis zu 30 Männer in einem Zeltdorf auf. Von hier aus unterstützen sie den Gipfelsturm.
Khumbu-Gletscher
Lähmende Hitze am Morgen, Schnee am Nachmittag. Nächtliche Temperaturen bis zu minus 26 Grad.
Camp III, 6 160 Meter. 30 Meter niedriger als der Mount McKinley, Amerikas höchster Gipfel. Erstes Lager für Vorräte, die das Western Cwm hochgeschleppt werden.
Strickleiter
Hohlweg, „Nussknacker“
Pfad durch den Eisbruch. Hier sind keine Lawinen zu befürchten.
Camp II, 5 910 Meter. Das Lager für die Träger wird wegen der Gletscheraktivität aufgegeben.
„Atombomben-Gebiet“
Lho-La-Pass
800 Meter
„Hillarys Horror“
„Höllenfeuer-Allee“
„Mikes Horror“
Khumbu-Eisbruch. Gigantische Eisblöcke bewegen sich hier langsam talwärts. Drei Tonnen Vorräte werden hoch zu Camp III transportiert.
Basiscamp, 5 460 Meter. 450 Träger bringen elf Tonnen Vorräte aus 21 Kilometern Entfernung.
Khumbu-Gletscher

BLICK VON SÜDEN

Gipfelsturm

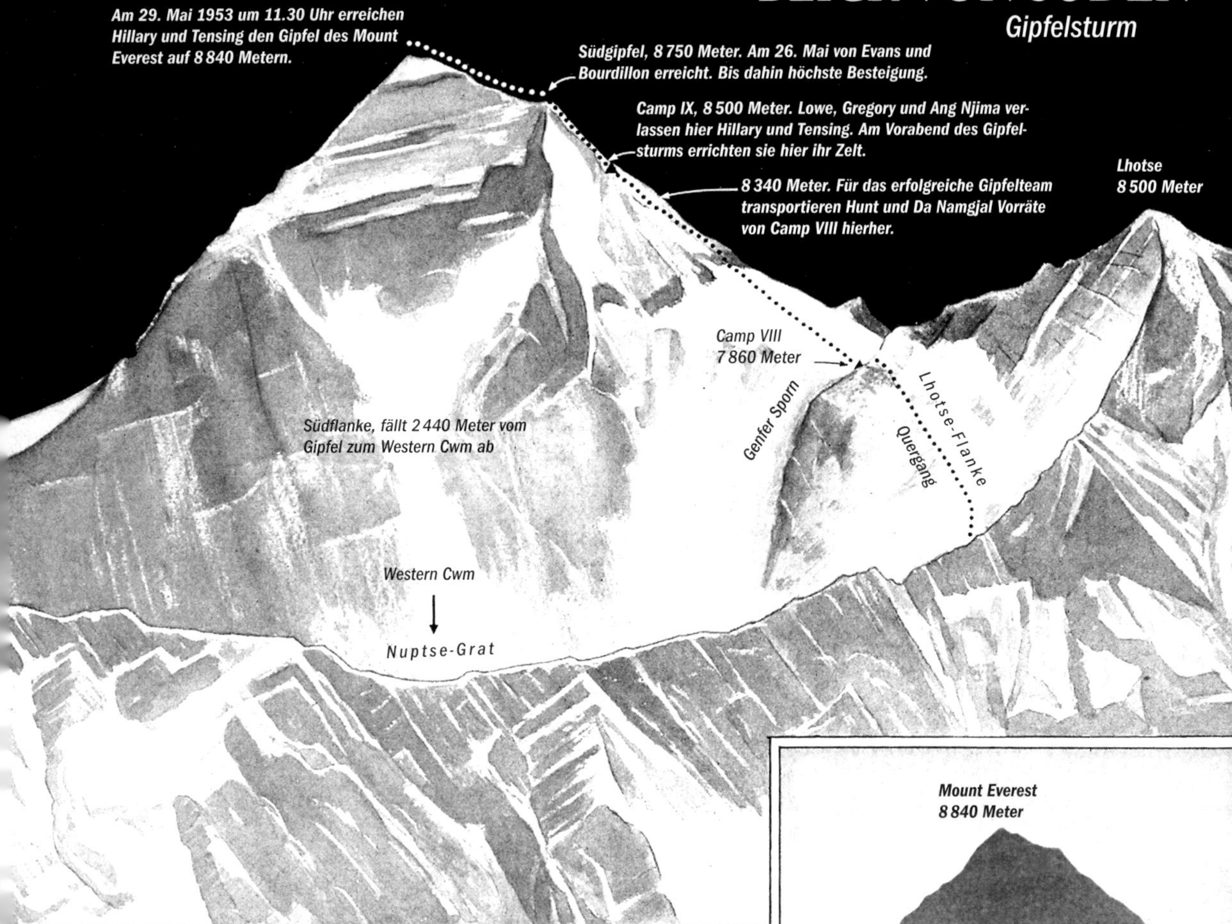

Die Tibeter nennen den in den Himmel ragenden Gipfel des Everest *Chomolungma*, „Göttin Mutter Erde"

Die jüngste unter den großen Bergketten der Welt ist 2 400 Kilometer lang. Sie erwies sich im Lauf der Geschichte als Schutz des fruchtbaren Hindulands vor Mongolen und Tibetern. Zwei Worte aus dem Sanskrit, *hima* und *alaja*, geben diesem Gebirgsmassiv seinen Namen: „Heimat des Schnees". Aus seinen Gletschern entspringen die drei heiligsten Flüsse Indiens: Ganges, Indus und Brahmaputra.

Im Jahr 1921 entdeckte Mallory ein Tal, das er Western Cwm nannte. Cwm – „kuhm" ausgesprochen – ist die walisische Bezeichnung für ein abgeschlossenes Tal an einer Bergflanke. Ein Col – ebenfalls ein Wort aus der Bergsteigersprache – ist ein Sattel oder ein Pass auf einer Bergkette.

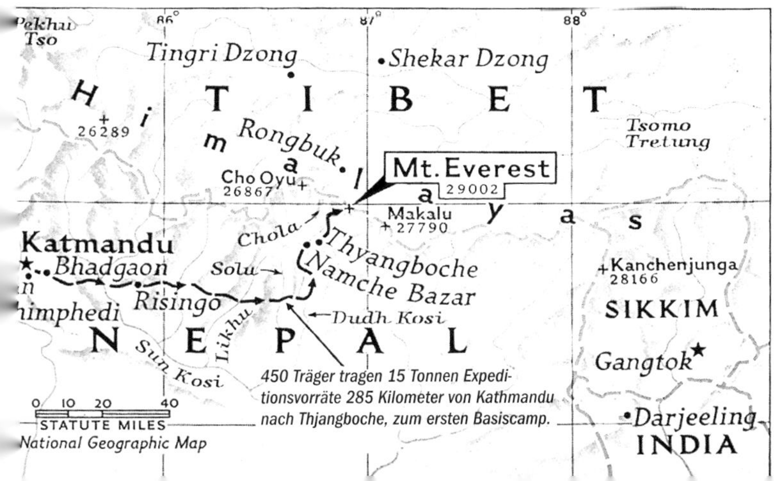

Die Everest-Festung liegt hinter einem massiven Wall verborgen

Der umkämpfte Gipfel (**oben**) ragt hinter dem schneebedeckten Höhenzug des Nuptse hervor – links im Bild. Von dort aus sind es 24 Kilometer zum Camp bei Thjangboche. Der Lhotse – auf dem Foto in den Wolken – ist mit 8 500 Metern der vierthöchste Berg der Welt.

Hier hilft die Trägerelite der Sherpas beim Aufstellen eines Zeltdachs (**links**). Trotz seines Gewichts wurde das Zwölf-Mann-Zelt mitgenommen. Während eines Sturms fanden 60 Träger darunter Schutz.

Als kleinen Übungsgang erklomm ein Teil der Expedition diesen «niedlichen kleinen Berg» von 5 910 Metern (**rechts**) und taufte ihn Chukhung. Hier traversieren Bergsteiger, gesichert mit einem Seil.

In Thjangboche gelten Daumenabdrücke als Zahlungsquittung

Seit seiner Jugend ist John Hunt (**links**) ein ausgezeichneter Skifahrer und Bergsteiger. Die Militärakademie von Sandhurst zeichnete ihn mit dem „Sword of Honor“ aus. Während des Zweiten Weltkriegs war er Befehlshaber der 11. Indischen Infanteriebrigade in Italien. Hunt wurde mit dem „D.S.O.“ für Tapferkeit ausgezeichnet. Er nahm an alliierten Kriegsmanövern in Deutschland teil. Im Herbst 1952 wurde der 42-Jährige vom Himalaja- Komitee als Führer der ersten großen britischen Nachkriegsexpedition zum Everest ausgewählt. Michael Westmacott zeigt einem Träger, wo er „unterschreiben“ soll. Hunt zählt den Lohn in nepalesischen Banknoten und Silberrupien ab. Im Kloster verlassen die Träger die Expedition; die meisten kehren nach Kathmandu zurück.

Tensing testet seine neuen Steigeisen; Lowe schaut ihm dabei zu

Kein Bergsteiger hat häufiger mit dem Everest gerungen als der drahtige, resolute, 39-jährige Sherpa Sirdar Tensing Norgay (**rechts**). Zum ersten Mal war der in Nepal geborene und in Indien aufgewachsene Tensing im Jahr 1935 am Everest. Als er sich der Hunt-Expedition für seinen sechsten Gang anschloss, erholte er sich eigentlich noch von dem Anstieg 1952. Dieser hatte nur 305 Meter unter dem Gipfel geendet.

George Lowe, ein erfahrener Bergsteiger aus Neuseeland, ist von Beruf Lehrer. 1952 hatte er versucht, den Cho Oyu zu besteigen, einen Nachbargipfel des Everest. Auf Grund seiner besonderen Leistung bei diesem Aufstieg wurde er für die Expedition ausgewählt.

(*Fortsetzung von Seite 54*) sie freigeräumt hat, ist unerträglich. Im Sommer liegen die Schneemassen hoch über der Nebelschicht. Sie bleiben trocken. Wer sich auf diesen Pulverschnee begibt, ist bald völlig erschöpft. Die große Gefahr ist, dass er abrutscht – schlimmstenfalls mit tödlichen Folgen. Oder er löst eine alles erstickende Lawine aus.

Warum also rennen schwache Menschen gegen diese derartig gut geschützte Zitadelle an? Mallorys Antwort lautet: «Weil sie da ist.» Doch es gibt noch einen anderen Grund. Es ist die Hartnäckigkeit, Zähigkeit, Sturheit der Menschen.

Wir, die wir 1953 den Ansturm wagen, teilen wohl alle das Gefühl des Abenteuers und der Kameradschaft mit denen, die vor uns mit dem Berg gekämpft haben. Großzügig haben sie ihre Erfahrungen an uns weitergegeben. Wieder spricht Mallory für alle Gipfelstürmer: «Haben wir einen Feind besiegt? Nein, uns selber.»

Am 11. September 1952 erreichte mich das Telegramm mit der Einladung, die Führung der britischen Expedition zu übernehmen. Knapp vier Wochen später sprach ich in London beim Himalaja-Komitee des Alpenclubs und der Royal Geographical Society vor.

Dieses Komitee ist 1919 gegründet worden. Es hat sämtliche britische Expeditionen auf den Everest entsandt. Dazu gehörten auch Eric Shiptons Aufklärungstrupp 1951 sowie ein Ausbilderteam am Cho Oyu im darauf folgenden Jahr. Die Arbeit des Komitees besteht darin, Gelder aufzutreiben und politische Befürworter der Expeditionen zu finden. Wissenschaftliche und medizinische Unterstützung erhält es vom Medizinischen Forschungsrat, von der Royal Society und anderen Körperschaften.

Der Eiserne Vorhang versperrt den Zugang von der tibetischen Seite aus

Im Großen und Ganzen stand der Plan. Den Nordzugang über Tibet hatten alle vorangegangenen britischen Expeditionen genutzt. Heute ist er durch den Eisernen Vorhang verschlossen. Dafür hat Nepal aber das langjährige Verbot für Ausländer aufgehoben und uns 1949 die wenig bekannte Südseite zugänglich gemacht. Sie gilt nicht als erfolgversprechend. Wer sie angehen will, muss den Khumbu-Gletscher mit einem mehr als 600 Meter hohen, von Spalten übersäten Eisbruch überwinden. Er muss ferner den Quergang von steilen, vereisten Hängen des Lhotse zum South Col des Everest hinter sich bringen. Erst dann – noch 975 Meter vom Gipfel entfernt – kann er den letzten Ansturm beginnen.

Im Jahr 1921 blickte Mallory auf diesen gefrorenen Katarakt. Er beschrieb ihn als «eine der schrecklichsten und bedrohlichsten Szenerien, die der Mensch je gesehen hat» – und als kaum besteigbar. Shipton und seine Männer hatten sich 1951 immerhin einen Weg bis an die Spitze des Eisbruchs gehackt. Dorthin war 1952 auch das Schweizer Team vorgedrungen. Es gelangte zu einem verborgenen Tal namens Western Cwm, fand eine Route zum South Col und hätte beinahe den Gipfel erreicht.

Wir waren überzeugt, dass der Aufstieg von Nepal aus funktionieren würde. So machten wir uns in den Winterwochen vor der Abreise nach Indien daran, die Teilnehmer für unsere Expedition auszuwählen und die Ausrüstung zusammenzustellen. Wir taten dies mit so viel Selbstvertrauen, wie es eine Everest-Expedition eben haben muss.

Männer, die dem Berg in nichts nachstehen

Meine erste Sorge galt der Entscheidung für die richtigen Männer. Ich suchte Bergsteiger im Alter zwischen 25 und 40 Jahren. Sie brauchten ein gutes Stehvermögen, Erfahrung im Himalaja und ein außergewöhnlich hohes Maß an Selbstlosigkeit und Geduld. Aus unzähligen Bewerbungen wählte ich folgende Kameraden aus:

Charles Evans, 33, Chirurg, unerschütterlich. 1950 gehörte er zu Tilmans Annapurna-Team, 1952 war er mit Shipton am Cho Oyu. Tom Bourdillon, 28, ein kräftiger Physiker und Rekordalpinist mit Himalaja-Erfahrung. Alfred Gregory, 39, der dünne, drahtige Chef eines Reisebüros in Blackpool; trotz seines Alters hatte er sich am Cho Oyu hervorragend akklimatisiert.

Weitere Teilnehmer kamen dazu. Da war Charles Wylie, 32, von der Gurkha-Brigade. Der Offizier hatte drei Jahre japanische Kriegsgefangenschaft überlebt. In den Alpen und im indischen Garwhal-Himalaja hatte er viel

Auf einer sonnigen Weide in Thjangboche sortieren die Bergsteiger auf 4 100 Metern ihre Ausrüstung

An der Absperrung blicken die Mönche neugierig auf die Vorräte. George Band – vorne im Bild – öffnet die Kisten mit der Funkausrüstung. Hinter ihm überprüft Tom Bourdillon niedergeschlagen die Sauerstoffflaschen; aus einem Drittel der Behälter hat sich das Gas verflüchtigt. Die Sherpas kampieren in den Zelten links im Bild, die Briten im Kuppelzelt.

Die Expedition schlägt ihr Rückzugslager in einem buddhistischen Tierparadies auf

Unter dem Schutz der Mönche von Thjangboche kommen Moschusochsen, Glanzfasane und Rebhühner bis an die Zelte heran. Als Bergsteiger ein Lamm kaufen, muss George Lowe es eigenhändig schlachten. Im Hintergrund ist ein rundes Gebäude mit einer Spitze zu erkennen. Dieser so genannte *Chorten* birgt die Reliquien eines Abts.

Klettererfahrung gesammelt. Michael Westmacott, 27, war Präsident des Bergsteigerclubs an der Universität Oxford. George Band, Präsident des Bergsteigerclubs seiner Universität, war sehr reif für seine 23 Jahre. Wilfrid Noyce, 34, Lehrer, Autor und Alpinist, war während des Kriegs Ausbilder der Royal Air Force in den Bergen von Kaschmir. Michael Ward, 27, wurde unser Arzt und Reservebergsteiger.

Hillary kann beeindruckende Leistungen vorweisen

Wir hatten zwei Kameraden aus Neuseeland: Edmund Hillary, 33, Bienenzüchter aus Auckland, hoch gewachsen und dynamisch; beeindruckte seine Bergsteigerkollegen bei den Gängen von 1951 und 1952 im Himalaja. George Lowe, 28, Lehrer aus Hastings, berühmt für seine Technik im Eis.

Wir gewannen vier weitere Männer: Griffith Pugh, Spezialist für Physiologie in großen Höhen und ein hervorragender Skiläufer, den Kameramann Tom Stobart, der bereits an Expeditionen in die Antarktis, nach Afrika und zum Himalaja teilgenommen hatte, außerdem James Morris von der Londoner *Times*. In Kathmandu stieß der furchtlose Sherpa Sirdar Tensing Norgay zu uns. Im vorausgegangenen Frühjahr war er mit dem berühmten Schweizer Bergführer Raymond Lambert auf rund 8 500 Meter gestiegen.

Sauerstoffflaschen – geschlossene oder offene Systeme

Fast so wichtig wie die Wahl der richtigen Männer war unsere Ausrüstung, insbesondere die Sauerstoffsysteme. Das Problem war, dass die rund 18 Kilo schweren herkömmlichen Modelle den Bergsteigern durch ihr Gewicht ebenso viel Energie rauben, wie sie ihnen verschaffen.

Wir entschieden uns für zwei verschiedene Modelle. Hauptsächlich verließen wir uns auf das offene System: Eine Flasche auf dem Rücken versorgt die Gesichtsmaske des Trägers mit künstlichem Sauerstoff. Dort mischt er sich mit Außenluft, wird ein- und ausgeatmet und geht verloren.

Das geschlossene System führt dem Bergsteiger 100-prozentigen Sauerstoff aus dem Atembeutel zu. Beim Ausatmen wird der Atem durch einen Soda-Lime-Kanister mit Kohlenmonoxid-Filter zurückgeführt. Der Vorteil dieses Systems ist, dass der Sauerstoffvorrat länger reicht. Der Nachteil ist das Gewicht des Apparats. Zudem frieren die Atemventile beim Austausch der Kanister leicht ein, und die Kanister sind empfindlich. Darüber hinaus setzt der Apparat in niedrigen Höhen sehr schnell zu viel Hitze frei.

Unsere Techniker gaben sich alle Mühe. Trotzdem wog das offene System mit zwei Sauerstoffzylindern 13 Kilo. Das geschlossene hatte mit einer Flasche, einem Kanister und der etwa gleichen Menge an künstlichem Sauerstoff ein Gewicht von fast 16 Kilo.

Unsere Zelte aus einem Baumwoll-Nylon-Gemisch hielten im Windkanal Sturmgeschwindigkeiten von 160 Stundenkilometern stand. Die Schlafsäcke mit Nylonüberzug waren außen und innen mit Federn gefüttert. Sie wogen dennoch nur knapp vier Kilo.

Die Primus- und Butankocher hatten einen Aluminiumschutz. Er verhinderte sowohl die Windeinfuhr als auch die Hitzeabstrahlung. Diese Eigenschaften sind besonders in trockenen Höhenlagen wichtig. Dort benötigt der Schnee eine kleine Ewigkeit, bis er auf dem Kocher geschmolzen ist.

Auch die Fußbekleidung bereitete uns einige Probleme. Im Himalaja gefriert schon die geringste Ausdünstung in normalen Bergstiefeln. Das Schicksal Maurice Herzogs war uns allen in Erinnerung. Nach seiner Besteigung des Annapurna im Jahr 1950 hatten ihm seine erfrorenen Füße Höllenqualen bereitet. Daher entwickelten wir zwei Stiefelarten. Eine leichte mit enger Passform war geeignet für schwieriges Steigen am Eisbruch und im Western Cwm. Der Spezialstiefel für das Steigen in der Höhe war zwischen dünnen Ziegenlederschichten mit Kapok isoliert. Der Überzieher und die Fütterung waren wasserdicht. Die Sohlen bestanden aus dichtem Schaumstoff. Dieser Stiefel wog gut zwei Kilo.

Die Bergsteiger wählen ihre Lieblingsgerichte aus

In Hinsicht auf das Essen und Trinken bemühten wir uns um einen Kompromiss. Wir wollten zwar nicht (*Fortsetzung auf Seite 73*)

In Camp I planen die Bergsteiger die Belagerung bei einer Tasse Tee

Tag um Tag werden Vorräte von hier in das Lager IV im Western Cwm transportiert (**oben**). Der Weg führt durch einen Eisbruch mit unzähligen kreuz und quer verlaufenden Gletscherspalten.
Fast einen Monat dauert die aufreibende und gefährliche Transportarbeit. Drei Tonnen werden auf der tückischen, acht Kilometer langen Route hochgeschafft. Nachmittags verwischen Schneefälle die Spuren des Morgens. Nachts verschieben sich die Gletscher. Von einem Tag auf den nächsten weiten sich Eisspalten. Brückenköpfe stürzen ab und machen Routenflaggen nutzlos.

Gehirnchirurg Evans wird Herrenfriseur

Mit dem Skalpell kann er umgehen. Deshalb ließ sich Evans in London auch in die Kunst des Rasierens und Haareschneidens einweisen. Durch die geschlossene Maske kommt reiner Sauerstoff. Damit sie dicht anliegt, muss der Bergsteiger glatt rasiert sein. Wer seine Atemluft mischt, kann sich wie Lowe (**im Bild rechts**) sogar den Luxus eines Barts leisten.

Niemals leise, niemals ruhig: Die gefrorenen Katarakte des Eisbruchs bedeuten einen harten Hindernislauf

George Leigh Mallory war der größte Herausforderer des Everest. Als er diese donnernde, knackende, ruhelose Masse im Jahr 1921 vor sich sah, beschrieb er sie als «eine der schrecklichsten und bedrohlichsten Szenerien, die der Mensch je gesehen hat». Auf dem Foto legen Teilnehmer der Expedition von 1953 eine Spur für die Versorgungsroute.

Dr. Evans passt Sherpa Da Namgjal die Sauerstoffmaske an

Charles Evans (**rechts**) lehrt am Royal College Chirurgie. Neben seinem Beruf findet er noch Zeit für das Bergsteigen in den Alpen und im Himalaja. Mit 30 Jahren nahm er die Annapurna-Kette in Angriff. Zwei Jahre später, 1952, schloss er sich Shipton bei dem Versuch an, den 8 190 Meter hohen Gipfel des Cho Oyu zu bezwingen.
Da Namgjal ist ein Everest-Veteran. Als Träger für die Schweizer Expedition im Herbst 1952 wurde er an der Lhotse-Flanke von herabfallendem Eis verletzt. Sein Kollege Mingma Dorji wurde von der Lawine begraben. Die Vorstellung, „englische Luft" zu atmen, finden die Sherpas anfangs eher lustig. In hohen Lagen entdecken sie aber die Vorzüge des Sauerstoffgeräts.

Kieferstämme überspannen Gletscherspalten

Die Sherpas befestigen den Kieferstamm mit Seilen und Pflöcken (**unten**). Dann markieren sie, wohin die schmale Brücke fallen würde, sollte die Spalte sich plötzlich dehnen. Immer wieder stürzen Männer in die Eisbruchspalten. Der Einsatz von Kletterseilen verhindert jedoch, dass jemand zu Tode kommt.

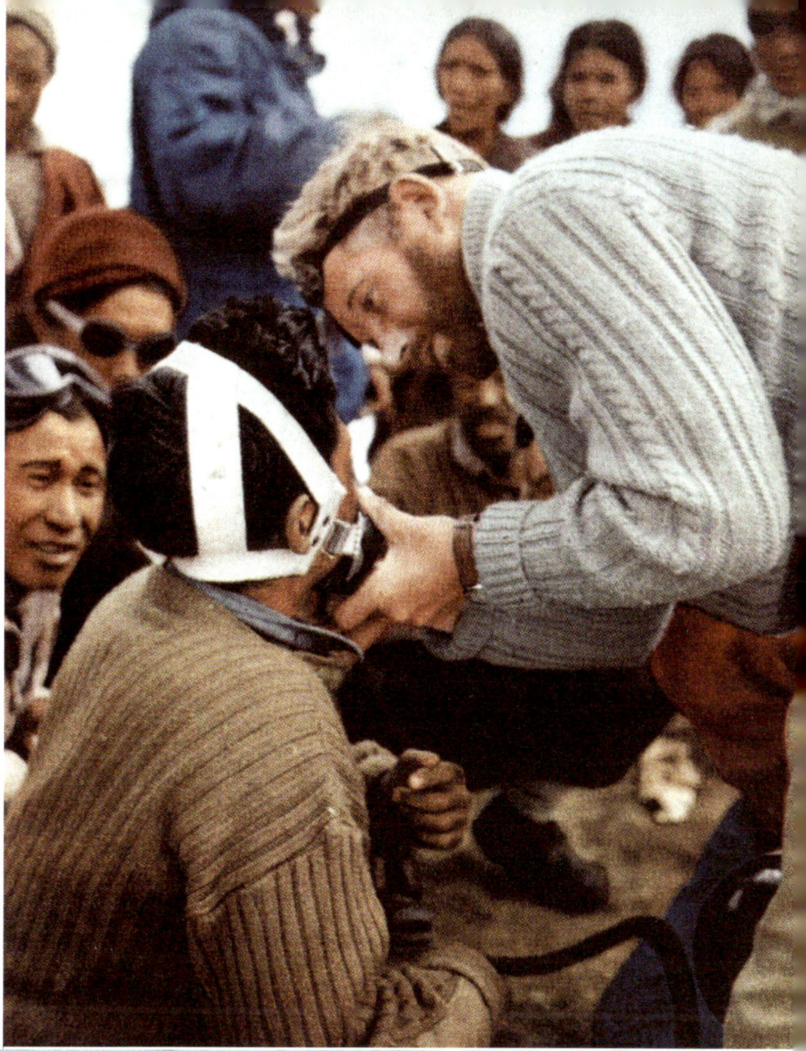

Ein so genannter Heuhaufen aus Eis bedroht Camp II. Er bleibt aber während unseres Aufenthalts freundlicherweise stehen

Wer hier auf der Hälfte des Aufstiegs durch den Eisbruch kampiert (**oben**), schläft meist unruhig. Gletscherplatten krachen mit dumpfem Dröhnen zusammen, Lawinen gehen mit dem Gerumpel einer Untergrundbahn ab. Eines Abends treten sogar Risse und Spalten unter den Zelten auf. Daraufhin transportieren die Sherpas die Vorräte aus dem Basiscamp ohne Unterbrechung bis zum Camp III.

Von Eisklötzen wie dem auf dem Foto bleibt die Expedition verschont. Allerdings stürzen einige auf den Weg, den Versorgungstrupps nur wenige Minuten zuvor passiert haben.

In London haben Amateurstrategen einige logistische Hilfsmittel ersonnen. Sie hatten beispielsweise den Plan, eine Röhre mit Spunden das Western Cwm hoch zu verlegen. Daraus könnten sich die Kletterer mit reinem Sauerstoff versorgen. Es kam auch jemand auf die Idee, Sauerstoffflaschen mit Mörsern vorauszuschießen oder Kletterer mit Ballons auszurüsten. Letztendlich fanden sie jedoch keine Alternative für das Steigen mit dem Rucksack.

Kurz vor dem Eisbruch schnallen Sherpas nach einem 20-minütigen Klettergang ihre Steigeisen an (**rechts**). Damit haben sie einen besseren Halt auf dem Eis. Das Aluminiumgestänge der Rucksäcke stammt aus Beständen der britischen Armee. Es wiegt nicht einmal ein halbes Kilo. Im flacheren Terrain tragen die Sherpas um die 20 Kilo.

Fest installierte Strickleitern ermöglichen den Aufstieg an einer elf Meter hohen Eiswand am oberen Ende des Eisbruchs (**rechts oben**). Ohne diese Leiter wären die Sherpas gezwungen, sich ihren Weg entlang der Gletscherspalte (**im Bild rechts**) zu bahnen. Es ist die einzige – aber gefährliche – Alternative, um nach oben zu kommen.

Camp III: Das Lager liegt auf der gleichen Höhe wie der Gipfel des Mount McKinley

Der Schneebogen unterhalb der Klippen der Nuptse-Kette könnte bald hinunterbrechen. Doch die Zelte sind durch einen Abstand von knapp 50 Metern und eine tiefe Kluft geschützt (**oben**). Hillary führt viele Transporte von Camp III (6 160 Meter) zu Camp IV. Gut 300 Meter liegen dazwischen. Die Strecke ist bei gutem Wetter in weniger als drei Stunden zu bewältigen. Bei schlechtem Wetter und verwehten Wegen braucht man fünf Stunden oder mehr.

Hillary überprüft die Kameras. Unterdessen laden die Sherpas ihre Tageslast auf. Rote, schwarze und gelbe Flaggen zeigen Änderungen der Route an.

Das Eis vom Western Cwm türmt sich zu großen Stufen auf

Wilfrid Noyce führt in Camp III eine Schnellinventur der Lasten seines Teams durch (**links**). Eine Zickzackroute wird sie weit auf die rechte Seite führen: Durch einen Hohlweg oberhalb der Eisstufen gehen sie um die Everest-Flanke zur Linken herum.

Von den Höhen des Cwm donnern an der westlichen Lhotse-Flanke gewaltige Eiskaskaden herab. Doch dort entlang führt der einzige Weg zum South Col.

(Fortsetzung von Seite 64) mit getrüffelten Wachteln und Champagner reisen, aber wir wollten es auch nicht dem asketischen Maurice Wilson gleichtun. Er hatte den Everest 1934 mit nur ein paar Hand voll Reis in Angriff genommen – und dabei sein Leben verloren.

In großen Höhenlagen blicken Alpinisten mit schierer Verachtung auf das Essen. Der Flüssigkeitsbedarf dagegen steigt auf mindestens 2,5 Liter an. Jede vakuumverpackte Getränkebox enthält eine Tagesration Milchpulver, Tee, Kaffee und Kakao für 28 Männer.

Jeder Bergsteiger suchte sich das aus, was er auch noch in 7 600 Meter Höhe essen würde. Diese Dinge wurden in „Luxuskisten" verpackt. Das Gipfelteam sollte kurz vor dem großen Anstieg die Standardrationen durch die „Luxusrationen" ersetzen.

Solche Quartiermeisterpflichten nahmen die meiste Zeit in Anspruch. Doch auch die Übungsgänge in Wales und in den Alpen mussten noch absolviert werden. Wir wollten die Ausrüstung und die Rationierung der Vorräte testen. Die Teammitglieder, die später an einem Seil gehen würden, sollten sich miteinander vertraut machen. Und wir wollten schlicht unsere Muskeln dehnen und den Londoner Nebel aus unseren Lungen vertreiben.

Generalprobe in den Alpen

Die Ausrüstung und die Rationen testeten wir vier Tage auf dem 3 450 Meter hohen Jungfraujoch. Das Thermometer sank auf minus 20 Grad. Stürme bliesen den Schnee von den Gipfeln und schleuderten ihn uns wie Schrotkugeln ins Gesicht.

Drei Monate später treffen wir uns in der nepalesischen Hauptstadt Kathmandu. Die meisten von uns sind mit dem Schiff nach Indien angereist; einige, wie ich selber, wurden durch Krankheit oder Beruf aufgehalten und flogen.

Ich glaube, wir sind alle erleichtert, als sich die schwer beladenen Träger am 10. und 11. März hintereinander über das grüne, saubere Nepaltal auf den langen Treck zum ersten Basiscamp nach Thjangboche machen. Sie sind mit Tonnen von Vorräten beladen, die wir vorher per Bahn, Lastwagen oder Seilbahn hierher transportiert haben.

Auf unserer Route überqueren wir die Wasserscheide des Himalaja. Wir gehen durch tiefe Wälder, überqueren schäumende Sturzbäche und wilde Flüsse. Es ist ein großes Land. Die Einwohner heißen uns freundlich willkommen. Wir treffen auf nepalesische Mädchen, deren Ohrringe, Glasreife und Halsketten aus purpurroten Perlen fröhlich klimpern. Ihre Männer lächeln freundlich. Sie tragen kurz geschorenes Haar und wenig Kleidung. Auf den Höhenzügen wandern wir auf Teppichen lilafarbener Primeln. In den Wäldern liegen schwer duftende weiße Magnolienblüten wie Schnee auf dem Boden. Zwischen den knorrigen Rhododendren in voller Blüte sehen wir fröhliche Nektarvögel, Scharlachmennigvögel, Fliegenschnäpper und Meisen mit grünen Rücken und rotem Köpfchen hervorblitzen.

Es sind wunderbare Tage, die wir voller Abenteuerlust erleben.

Sechste Everest-Expedition für Tensing

Während unseres Marschs knüpfe ich Kontakt mit den Sherpas. Vor allem mit ihrem berühmten Anführer Tensing Norgay. Seine unbeschwerte, einfache Art ist mit natürlicher Autorität verbunden. Er beeindruckt mich sofort. Nur wenige Männer haben so viel vom höchsten Berg der Welt gesehen wie er.

Zu seiner Truppe aus Darjeeling gehören Thondup, der Koch, Kerken mit seinem Boxergesicht, der verhutzelte Da Tensing – er trägt einen Pferdeschwanz – und der fröhliche Annullu. Dabei sind auch der erhabene Ang Namgjal, Da Namgjal, mein Begleiter auf dem South Col, und der stämmige, immer zu einem Scherz aufgelegte Pasang Phutar II. Dann begleiten uns noch der kleine Gompu und viele weitere Sherpas – alles gute Männer.

15 Tagesmärsche von Kathmandu entfernt erklimmen wir den letzten Höhenzug und

---

Die Träger umgehen den Schneerand der Spalte mit Sicherheitsabstand

Hunt führt ein Aufklärungsteam zum Western Cwm. Dabei stößt er auf diese lange, knapp 20 Meter tiefe Gletscherspalte. Sie versperrt den Weg und ist zu breit, um mit Stangen oder einer Aluminiumleiter überquert zu werden. Mit großer Anspannung spurt Hunt an der Spalte entlang. Sollte sich die Umgehung als unmöglich erweisen, müsste er einen Quergang unterhalb einer durch Lawinen gebildeten Klippe des Nuptse finden – ein gefährliches Unterfangen. Glücklicherweise entdeckt er am Fuß des Berges eine ausreichend stabile Schneebrücke.

Wer kein Balancegefühl, keine solide Sicherung und schwache Nerven hat, den erwartet ein eisiges Grab

Der Sherpa würde sofort das Seil am Eispickelgriff sichern, sollte sein Gefährte bei Camp II in diese Gletscherspalte fallen. Vor der Ankunft der europäischen Bergsteiger hatten Sherpas kein Interesse daran, ihren atemraubenden Berg zu besteigen. Doch einmal mit von der Partie, waren sie hart im Nehmen und sehr engagiert. Hunt stellt fest: «Teamarbeit ist die Grundvoraussetzung bei der Expedition. Ihre Kooperationsbereitschaft und ihre eigenen Leistungen verdienen außerordentliches Lob.»

Die Sherpas zeigen korrekte Technik beim Überqueren einer Brücke aus zwei Stämmen

Zu Beginn des Transports über den Eisbruch versucht ein junger Küchenhelfer, eine Brücke wie die auf dem Foto (**oben**) zu überqueren. In der Mitte angelangt, erstarrt er vor Angst und stürzt in die Spalte. Evans zieht ihn heraus «wie einen toten Seehund». Traurig kehrt der junge Mann zu seinen Küchenpflichten zurück. Wie es der Everest-Veteran H. W. Tilman einmal formulierte: «Wir lernen nie aus, und große Berge sind strenge Lehrmeister.»

blicken auf das Dorf Namche Basar. Vor uns erhebt sich plötzlich panoramafüllend das Massiv des Everest. Der Gipfel ist fast völlig schneefrei. Mallory hatte ihn zum ersten Mal von Norden her gesehen. Er beschrieb ihn als «ungeheuerlichen weißen Fangzahn, einen Auswuchs aus dem Rachen der Welt». Vom Wind umtost, war dieser weiße Zahn nun schwarz. Aber deshalb nicht minder atemraubend.

Von Namche Basar steigen wir mit wachsender Begeisterung zum Kloster von Thjangboche hinauf. In 4100 Meter Höhe schlagen wir zwischen grasenden Yaks auf einer grünen Weide unser Lager auf. Es gibt viel zu tun. Doch immer wieder blicken wir von unserer Arbeit auf, verzaubert von der eisigen Pracht der Gipfel um uns herum: Everest, Ama Dablam, die Doppeltürme des Kangtega und der fein kannelierte Thamserku, Kwangdes lange und hohe Barriere.

Der Abt berichtet vom Yeti

Hier sortieren wir die Ausrüstung, zahlen die meisten Träger aus, verteilen Bergkleidung an die Sherpas und statten dem Abt einen Besuch ab. Der unterhält uns mit Geschichten über einen «schrecklichen Schneemann», er sei 1,50 Meter groß und mit rötlichem Haar bedeckt.

Ernster ist es uns mit der dreiwöchigen Akklimatisierungsphase in Thjangboche und dem Training mit den Sauerstoffflaschen. Neben dem Nuptse-Gletscher, auf dem Mera La und im Chola-Tal errichten wir kleine Lager. Von dort aus besteigen wir euphorisch und ohne Zwischenfälle einige Gipfel zwischen 5 800 und 6 000 Meter Höhe. Tensing und Wylie erklären einer Sherpa-Elite die Sauerstoffgeräte. Tom Bourdillon und ich weisen die anderen in nahe gelegenen Gletschern in den richtigen Umgang mit Eisblöcken ein.

Der Eisbruch befindet sich in Bewegung – und knurrt

Am 13. April brechen wir zu unserer ersten Erkundung des Khumbu-Eisbruchs auf. 50 Mann marschieren die seltsam anmutende Mondlandschaft hinauf. Hillary führt die Sherpas, Träger und Bergsteiger an. Beim Lho-La-Pass schlägt er ein Lager auf. Ein Teil der Männer ist krank. Es schneit. Dennoch spuren sie in drei harten Tagen eine unglaubliche Route über die halbe Strecke bis zum Western Cwm. Sie kämpfen sich zwischen wackligen Eisblöcken über gähnende blaue Gletscherspalten und steile, vereiste Abschnitte hinweg.

James Morris beschreibt den Eisbruch äußerst anschaulich: «Er ist wie ein Kuchen mit zerdrückter Baiserhaube, aber natürlich viel größer. Männer wirken darin wie Insekten, sehr kleine Insekten, völlig verloren in Sahne und Krümeln.» Der Anstieg sei, «als würde man die Kellertreppe fünf oder sechs Kilometer am Stück hochgehen – immer drei Stufen auf einmal – und dabei ein kleines Kind im Arm halten».

Bei jedem Gang besteht immer die Gefahr, in eine Gletscherspalte zu fallen. Im oberen Teil des Eisbruchs gelangen die Bergsteiger auf einen Pfad, der „Nussknacker" genannt wird, weil es dort besonders unangenehm im Eis rumort. Er führt auf das Plateau des Cwm. Dort soll Camp III aufgebaut werden. Die Route über den Eisbruch wird zwar nie eine Prachtstraße sein. Jeden Tag veränderen Schneestürme, Lawinen und Bewegungen im Gletschereis ihr Gesicht und legen neue Gefahren frei. Aber machbar ist sie.

Beim Abendessen am 22. April im Basiscamp gebe ich unseren Plan bekannt. Er legt fest, wie die Vorräte zu deponieren sind. All unsere Hoffnungen, zwei Männer auf den Gipfel zu bringen, beruhen auf diesem Plan.

Drei Tonnen Vorräte sollen über Camp III am oberen Ende des Eisbruchs zu Camp IV hoch im Cwm transportiert werden. Hier beginnt dann der wichtige Transport an Camp V vorbei, den Lhotse-Gletscher hinauf zu den Camps VI und VII. Dem folgt der lange Quergang an der Wand entlang bis zu Camp VIII auf dem South Col mit 7 860 Metern.

Der Aufbau beginnt

Während der folgenden Wochen werden die Vorräte im Schneckentempo den Berg hinaufgeschafft. Temperaturen von 69 Grad in der Sonne verwandeln Cwm und Eisbruch in eine Backstube. Selbst die Fleißigsten erkranken an „Gletscherträgheit". Nachmittags macht der Schnee die morgens gespurten Wege zunichte. Die Männer versinken bis zur Hüfte in Schneeverwehungen. Nachts knebeln Kältegrade von bis zu minus 19 Grad das Camp. Unser Schlaf wird vom lauten Dröhnen des Eises begleitet, das von den Klippen des Lho La bricht.

Die Logistik, mit der das Hochlagerteam die Vorräte transportiert, ist beeindruckend. Als seine Kameraden einer nach dem anderen erkranken, bleibt George Lowe elf Tage über 7 000 Meter. Er leitete die Festlegung der Route bis zur Lhotse-Wand – eine erstaunliche Ausdauerleistung. Er trotzt den Schneestürmen, der Kälte, der heimtückischen Wirkung der Höhen und einem wilden Westwind und treibt das Spuren eines Pfads fast bis zum Quergang voran. Dabei unterstützen ihn Ang Njima, Michael Ward und Wilfrid Noyce.

Seine Leistung bereitet uns den Weg für den alles entscheidenden Gang zum South Col. Am 18. Mai schaffen wir die letzte Last bis Camp VI. Es wird unser neues Vorauscamp. Drei Tage später bereiten Noyce und Annullu hervorragend den Quergang vor – direkt über dem Genfer Sporn zum Col selber.

Die letzte Verbindung zum Col wird geschaffen

Am nächsten Morgen um 8.30 Uhr sehen wir vom Cwm aus Hillary, Tensing, Wylie und 14 Sherpas auf der riesigen Lhotse-Wand. Sie wirken wie kleine Punkte, als sie langsam hinter dem Eisblock hervorkommen, der

Lowes Funkbotschaft an die Basis amüsiert Hillary

Gut zwei Kilo wiegen diese Walkie-Talkies (**oben**). Sie haben eine Reichweite von drei Kilometern und erleichtern die Organisation des Nachschubs. Die Bergsteiger tragen die Trockenzellenbatterien in Westen unter ihrer Kleidung. Damit halten sie sie warm und einsatzfähig. Die Schutzbrillen sind immer griffbereit. Das grelle, von den vereisten Hochlagen reflektierte Licht führt schnell zu Schneeblindheit und damit zu Bewegungsunfähigkeit. Hillarys gestreiften Sonnenhut fertigte seine Schwester an.

Die Stiefel (**rechts**) wurden für extreme Höhen entworfen. Eine zentimeterdicke Kapokschicht unter dem Ziegenleder dient zur Isolation. Die Sohlen sind aus Schaumstoff, der Überziehschuh aus wasserfestem Material. Dennoch frieren Hillarys Stiefel eines Nachts zu einem eisenharten Block. Er braucht eine Stunde, um sie wieder aufzutauen.

Auf 6 460 Metern spielt Hunt für den Physiologen Pugh Versuchskaninchen

Mit wiederholten Vorstößen in Sechstausender können sich Bergsteiger allmählich akklimatisieren. Die Anzahl der roten Blutkörperchen steigt dabei dramatisch an. Die Atmung wird schneller, denn die Luft wird dünner. Auch die Herzmuskeln passen sich der härteren Arbeit an. Dennoch: Bleiben Bergsteiger länger in solchen Höhenlagen, verdeckt die Akklimatisierung nur die Tatsache, dass Nerven und Muskeln extrem abbauen. Man hat immer weniger Appetit, verliert Gewicht. Die Leistungsfähigkeit halbiert sich. Eine tödliche Trägheit setzt ein.
Hier lässt Dr. Griffith Pugh John Hunt seine Maske abnehmen und tief in den Gummischlauch atmen. Mit Chemikalien in den Phiolen lässt sich der Kohlenmonoxidanteil in seiner Atemluft bestimmen. Je niedriger er liegt, desto weiter ist Hunts Akklimatisation fortgeschritten.

Camp VII schützt. Die Männer beginnen ihren schmerzvollen Anstieg. Sie scheinen sich kaum fortzubewegen.

Es ist ein langer Tag. Die meisten haben nur eine Tasse Tee und ein paar Cornflakes zu sich genommen. Als sie am South Col die wichtigen Vorräte eingelagert haben, liegt der Abstieg durch den Quergang noch vor ihnen. Der Letzte schlurft in der Dämmerung ins Camp – Stunden nachdem er es verlassen hatte.

Als Nächstes müssen im Tandem zwei Teams zum Gipfelsturm hochgebracht werden. Schon Wochen vorher haben wir beschlossen, dass Bourdillon und Evans als Startteam vorausgehen sollen. Sie sind mit künstlichem Sauerstoff ausgerüstet. Damit haben sie bereits einige Erfahrung. Hillary und Tensing haben sich als äußerst starkes Kletterpaar hervorgetan. Sie sollen die zweite Etappe in Angriff nehmen. Sie werden dabei offene Atemsysteme verwenden. Beide werden von Hilfsteams unterstützt.

Am Morgen des 24. Mai steige ich mit Team I sowie Da Namgjal und Balu zum South Col. Unser erstes Camp dort werde ich nie vergessen. Wir kommen erst spät auf dem Genfer Sporn an und klettern in den einsamen Col.

Es ist ein breiter, windgepeitschter Grat aus Steinen, die in bläulichem Eis eingefroren sind. Mir ist der Sauerstoff ausgegangen. Evans nimmt sein Gerät ebenfalls ab, um mir beim Zeltaufbau zu helfen.

Auf wackligen Beinen fechten wir mit dem Wind einen lächerlichen Kampf um das Zelt aus. Unter normalen Umständen hätten wir es in zwei Minuten augebaut. Jetzt brauchen wir eine Stunde dafür. Der Wind reißt uns die Plane aus den Händen. Er schlägt uns mit den Zeltschnüren und lässt uns wie Betrunkene umherwanken.

Ein Ruhetag in 7 860 Meter Höhe

Irgendwann stolpert Balu ins Camp – geradewegs in unsere Zeltplane. Sonst wäre es uns wohl nie gelungen, das Zelt aufzubauen. Er „verankert" es so lange, bis wir die Ränder der Plane mit Felsbrocken und Sauerstoffflaschen beschwert haben.

Danach sind wir zu müde und unkonzentriert für einen Ansturm. Deshalb verbringen wir den nächsten Tag damit, unsere Vorräte zu sortieren, die Sauerstoffflaschen vorzubereiten und uns auszuruhen. Damit Evans und Bourdillon ein Zelt für sich haben, stelle ich unser kleines Notzelt in der Nähe auf und entspanne mich mit George Borrows Buch „Wilde Wale". Ich bin völlig antriebslos – ein gefährliches Anzeichen der Höhenkrankheit.

Ich kämpfe gegen wehmütige Gedanken an. In solchen Höhenlagen wird man leicht davon befallen. Ich denke an die anderen, die hoch in den Bergen kampiert und gelernt hatten, über ihre Beschwerden zu lachen. An Mallory, der 1922 zufällig seinen „Hamlet" aufschlug und mit Inbrunst rezitierte: «Engel und Priester der Gnade, verteidigt uns!» An Norton, der sich bei 8 170 Metern im Schlafsack an seine Thermosflasche kuschelte, bis mitten in der Nacht der Korken herausknallte. An Bruce in seinem Zelt am North Col, der fürchtete, sein Bein zu verlieren, weil er es nicht mehr spüren und bewegen konnte. Schließlich stellte sich heraus, dass sein Kamerad Finch der Grund dafür war: Er saß darauf.

Am Morgen sind wir nach vier Stunden Sauerstoffzufuhr relativ erholt. Nur Balu ist noch völlig erschöpft und nicht in der Verfassung für einen weiteren Anstieg.

Da Namgjal und ich seilen uns kurz nach sieben Uhr an. Bourdillon und Evans bemühen sich noch, ein zerbrochenes Ventil in Evans' Sauerstoffsystem zu reparieren. Sie können uns glücklicherweise eine halbe Stunde später folgen und mit dem Aufstieg beginnen. Als wir am Fuß der ersten tiefen Schlucht Rast machen, ziehen sie an uns vorüber. Sie geben ein zügiges Tempo vor.

Vorräte werden auf einem kleinen Felsvorsprung verstaut

Gebeugt von unserer Last, beginnen wir den langsamen, schweren Aufstieg in die steiler werdende Schlucht. Stunden später kommen wir an dem winzigen Felsvorsprung an und können unsere Lasten verstauen. Ich habe sozusagen neun Monate gebraucht, um hier anzukommen: Vor neun Monaten hatte ich das Telegramm erhalten, das mich von meinem Einsatz aus Deutschland abberief. Höher als bis zu diesem Punkt des Everest würde ich nicht kommen.

Irgendwo über uns steigen Bourdillon und Evans außer Sichtweite auf die Südspitze zu. Falls irgend möglich, werden sie den Gipfel stürmen. Unsere Herzen und Hoffnungen sind bei ihnen. Es gibt keinen Grund, noch länger in diesem grimmen Horst zu verweilen – auch nicht für den Fall, dass sie umdrehen würden. Wir entdecken kleine Figuren beim Quergang von der Lhotse-Flanke: Hillary und Tensing, unterstützt von Gregory, Lowe und acht Sherpas. Das zweite Gipfelteam ist also unterwegs. Wir kommen gleichzeitig am Col an.

Wir bieten einen seltsamen Anblick. Alle zehn Schritte müssen wir uns hinsetzen und ausruhen. Am Ende geben unsere Knie nach. Völlig erschöpft brechen wir auf dem Eis zusammen. Tensing reicht uns immer wieder Limonade aus seiner Thermoskanne. Hillary eilt davon, um sein Sauerstoffset zu holen. Nach einer großzügigen Dosis von sechs Litern pro Minute bin ich in der Lage, die verbleibenden Meter zum Zelt zu kriechen. Es ist wunderbar, endlich zu liegen.

Bis gegen neun Uhr können Bourdillon und Evans gut steigen – fast 300 Meter pro Stunde. So könnten sie mit einer Zeitreserve auf den Gipfel gelangen. Doch in den darauf folgenden zwei Stunden steigen sie kaum 200 Meter. Auf den Felsvorsprüngen liegt Neuschnee.

Ihre Steigeisen finden kaum Halt. Auf der Schneeschulter in Höhe von 8 530 Metern haben sie drei Viertel des Wegs zum Südgipfel hinter sich. Dort gibt es ein weiteres Problem: Der Sauerstoff ihrer Soda-Lime-Kanister wird nur noch eine Stunde reichen. Wenn sie ihn ganz aufbrauchen, bevor sie den Kanister ersetzen, nutzen sie zwar den Inhalt optimal; doch es besteht auch die Gefahr, dass sie innerhalb der nächsten Stunde an einen Ort gelangen, an dem sie nicht mit Kanistern herumhantieren können. Beim Austausch von frischen, kalten Kanistern frieren zudem manchmal die Ventile zu. Das käme bei dem geschlossenen System einer Katastrophe gleich. Daher reagieren Evans und Bourdillon lieber gleich und tauschen die Kanister rechtzeitig aus.

Höher als je ein Bergsteiger vor ihnen

Ein Quergang über instabilem, leicht verkrustetem Schnee führt sie zu Felsvorsprüngen nahe der Südwand. Nach dem Austausch der Kanister wird Evans Atmung wesentlich schneller. Möglicherweise lassen Risse im Soda-Lime die Luft ungefiltert durch den Kanister gelangen. Das führt dazu, dass sich Kohlenmonoxid in der Maske ansammelt. Die nächsten 100 Meter bewegen sich die Männer ganz langsam von Vorsprung zu Vorsprung. Auf diese Weise erreichen sie den Südgipfel.

Sie kommen bis auf 8 750 Meter – ein Bergsteigerrekord. Und sie haben das Privileg, über den letzten Grat zu blicken und den Weg abzuschätzen. Kein Bergsteiger vor ihnen hat ihn je gesehen. Was sie erblicken, erfreut sie jedoch wenig. Der Grat erinnert an eine Messerschneide. Am Ende knickt er in einem scharfen Winkel nach oben. Die Felsen auf der linken Seite fallen 2 400 Meter steil auf den Cwm herab. Rechts droht ein noch steilerer Abgrund. Die Kante stürzt mehr als 3 000 Meter tief nach Tibet hinunter. Riesige, trügerische Schneewächten ragen über sie hinweg.

Weitergehen? Unmöglich. Es ist jetzt 13.20 Uhr. Evans schätzt, der Anstieg würde drei Stunden dauern. Der Rückmarsch zur Südspitze, auf der sie jetzt stehen, zwei Stunden. Dann wäre es 18 Uhr. Knapp 1 000 Meter hinunter ins sichere Camp lägen dann noch vor ihnen. Der Sauerstoff würde nur für einen Bruchteil der Zeit reichen. Sie drehen um – und rennen beinahe in die Katastrophe. Sie sind völlig übermüdet. So dauert es zweieinhalb Stunden, bis sie das obere Ende der 400 Meter langen Rinne oberhalb des South Col erreichen. Unterwegs geraten sie an Stellen ins Rutschen, die normalerweise kein Problem darstellen.

Bourdillon geht voraus. Er hat eben das Ende seines Seils erreicht und es um seinen Eispickel geschlungen. Da saust Evans auf der spiegelglatten Fläche an ihm vorbei. Das Seil spannt, der Pickel wird weggerissen. Bourdillon rast wie auf einem Schlitten hinterher.

Die Sicherung ist immerhin stabil genug, um Evans' Rutschpartie zu bremsen. Instinktiv dreht sich Bourdillon auf den Bauch, bekommt seinen Eispickel zu fassen und rammt ihn in den Schnee. Zunächst ganz vorsichtig – er fürchtet, er könnte ihm aus den Händen gerissen werden –, dann tiefer. Ein paar Meter weiter kommen beide zum Stillstand. Sie ruhen sich einen Moment aus, sammeln sich und setzen ihren Weg fort.

Gegen 16.30 Uhr gehen wir ihnen entgegen. Ihre Gesichter sind voller Eis. Ihre Rücken biegen sich unter der Last. Wie in Trance schleppen sie sich über die letzten Hänge. Später sagt Charles: «Wir waren zu abgestumpft, um enttäuscht zu sein. Das kam erst später.»

Aber sie haben nicht versagt. Sie haben den Südgipfel bestiegen und den letzten Grat erkundet. Sie haben Sauerstoffdepots angelegt. Und sie sind zurückgekehrt. Sie können den beiden Bergsteigern nach ihnen ihre unbezahlbare Erfahrung weiterreichen – und das Vertrauen, das Projekt zu meistern. Sie sind höher gelangt als je ein Mensch vor ihnen.

Nun liegen alle Hoffnungen der Expedition auf Hillary und Tensing.

Tag für Tag bringen Träger Nachschub für den Angriff auf den Gipfel des Everest

Oben: Hillary führt Sherpas auf dem letzten Abschnitt des Eisbruchs zu Camp III. Britische und neuseeländische Bergsteiger tragen Lasten nur, wenn ein Träger auf dem Weg zusammenbricht. Ihre Aufgaben bestehen in der Regel darin, nach Stürmen neue Routen zu legen, Stufen zu treten, Spikes und Seile zu reparieren. Außerdem müssen sie möglichst viel Energie für den letzten Ansturm sparen.

Unten: Noyce hält das Seil des Sherpa straff. Dieser kriecht über die knapp sechs Meter lange Brücke.

Der Held der Lhotse-Flanke: Lowe blickt aus 7 620 Metern auf den Cwm

Elf Tage lang hackt George Lowe einen Weg durch den gefährlich losen Schnee der Lhotse-Flanke (**unten**). Michael Ward, Wilfried Noyce und Ang Njima unterstützen ihn dabei. Sein Ziel ist es, auf der Flanke einen Quergang zum South Col zu bahnen – dem Ausgangspunkt für den Gipfelsturm. Er widersteht beißender Kälte ebenso wie den Blizzards. Diese zerstören sämtliche Spuren der Pfade, die tags zuvor unter größten Anstrengungen angelegt wurden. Lowe muss mit Infektionen fertig werden, die seine Truppe schwächen, und mit dem durch die Höhe ausgelösten körperlichen Verfall. Kein Bergsteiger hat sich je so lange oberhalb von 7 000 Metern aufgehalten und gearbeitet wie er. Weder seine gute Stimmung noch sein legendärer Appetit lassen nach. Doch er findet kaum noch Schlaf. Eines Abends nehmen er und Noyce eine Schlaftablette. Erst am nächsten Mittag wird er langsam wach und taumelt den Pfad entlang. Beim Essen nickt er ein. Eine halbe Sardine hängt ihm noch aus dem Mund.

Sein Sherpa Ang Njima fällt in den ersten fünf Tagen bei niedriger Höhe nicht besonders auf. Doch auf der Flanke bewegt er sich wie ein alterprobter Bergsteiger. Er stampft Pfade fest, tritt Stufen, sichert Handleinen und behält stets sein breites, fröhliches Lächeln. Lediglich Sherpa Tensing schafft es, eine Last weiter den Everest hinaufzuschleppen als Njima.

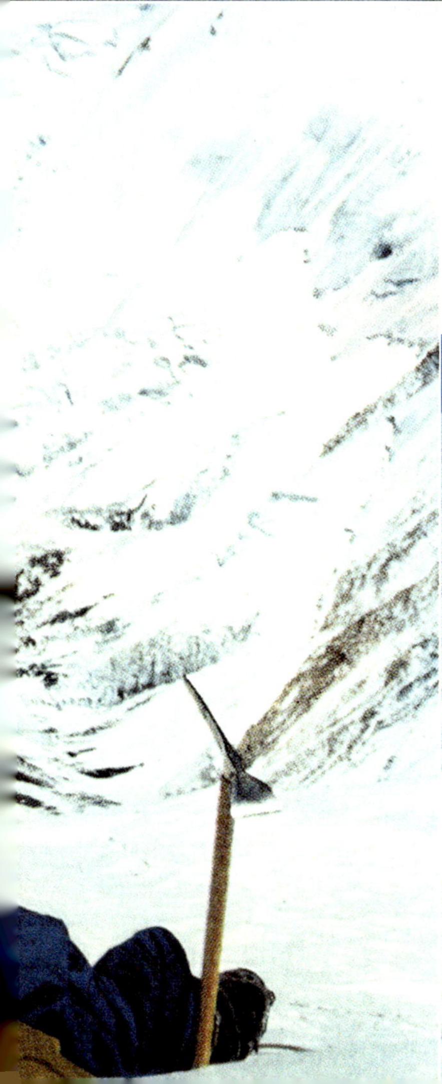

Die Lhotse-Flanke wird von der untergehenden Sonne in goldenes Licht getaucht. Die Männer graben einen Zickzackkurs hinauf.

Der Mond leuchtet über dem Schlachtfeld des Everest (**oben**). Hunt lernte aus den Fehlern früherer Expeditionen: 1952 hatte eine Schweizer Gruppe die Bezwingung über den felsigen Grat links neben den großen Schneehängen des Lhotse geplant, war dann aber zu erschöpft, um den Gipfel anzugehen. Die britische Expedition erklimmt die Anhöhe in einer Art Berg-und-Tal-Fahrt. Sie macht zwar Umwege, hat aber einen weniger gefährlichen und anstrengenden Anstieg.

Hoch am Lhotse, die Hand fest an einer Führerleine, untersucht Noyce einen kritischen Punkt auf dem Quergang zum South Col (**unten**).

Eispickel parat – so arbeitet sich Tensing auf Steigeisen hinab

Tensing (**links**) ist ein kräftiger, unermüdlicher Bergsteiger. Den Umgang mit Seil und Eispickel lernte er bei den europäischen Himalaja-Expeditionen. Mit Förderung der indischen Regierung vermittelt er nun jungen Bergsteigern sein Wissen als Lehrer an einer Schule in Darjeeling.

Selbst vor dem Lhotse verbirgt der Everest noch seinen geheimen Gipfel

Wolken aus Puderschnee bezeichnen die Südspitze (**rechts**). Doch nirgendwo auf dem Eisbruch, weder vom Western Cwm, der Lhotse-Flanke oder dem hohen South Col aus, konnten die britischen Bergsteiger ihr Ziel sehen. Der Gipfel war immer von Bergketten verdeckt.

Männer aus Stahl: Die Sherpas tragen Lasten bis in die höchsten Camps

Die Sherpas (**rechts**) stammen aus der nepalesischen Region Solu Khumbu. Mit Namen gehen sie äußerst spartanisch um. So unterscheiden sie nicht zwischen Männer- und Frauennamen. Als Nachnamen verwenden sie gern den Wochentag ihrer Geburt, etwa *Njima* für Sonntag oder *Pasang* für Freitag. Oder sie setzen vor den Namen die Silbe *Ang*, was „klein“ oder „Sohn von“ bedeutet.

Neben Noyce (**vorne links im Bild**) kniet Pasang Phutar. Er schleppt die schwerste Last auf den South Col. In der Mitte hockt Dawa Thondup mit den Seilen. Der 49-Jährige ist ein Veteran von Expeditionen zum Nanga Parbat, Annapurna und Everest. Neben Charlie Wylie (**vorne rechts**) kniet der 16-jährige Ang Tsering. Da Tensing (in der zweiten Reihe, mit Hosenträgern) hat sich wegen seines Muts den Respekt der Truppe erworben. Viele ihrer Mitglieder haben den Ehrentitel „Tiger“ wirklich verdient. Der Himalaja-Club verleiht ihn den Trägern, die sich in den höchsten Höhen bewährt haben.

Zwei Tage bis D-Day: Das erste Team steigt auf

Sowohl Bourdillon (**rechts vorne**) als auch der stellvertretende Leiter Evans haben künstliche Atemluft und eine Ersatzflasche auf dem Rucksack dabei. Darunter befinden sich weiße Kanister mit Soda-Lime zum Filtrieren der Luft und eine Metallbox für den Atembeutel.

Das Team bleibt nur zwei Nächte und einen Tag am South Col, damit sich seine Kondition in einer solchen Höhe nicht verschlechtert. Sein Ziel ist die Südspitze des Everest. Es wollte den letzten Grat bezwingen und – wenn möglich – zur Spitze vordringen.

Lebenswichtiger Check der Sauerstoffgeräte

Im trockenen, geschützten Tal des Western Cwm bekommen Bourdillon und Evans zu spüren, was es heißt, wenn sich die Atemgeräte aufheizen (**unten**). Als sie in die höheren Bereiche der kalten, beißenden Atmosphäre des Everest kommen, genießen sie die warme, feuchte Luft, die in ihre Masken filtriert wird. Die Inhalation von reinem Sauerstoff gibt ihnen Auftrieb.

Hillary informiert sich per Walkie-Talkie über die Fortschritte des Teams

Das zerklüftete lange Gletschertal stört den Funkverkehr zwischen Camp IV und dem Basislager. Deshalb werden Botschaften zu Camp VI auf den Lhotse-Gletscher geschickt, über die Hindernisse hinweggeleitet und unterhalb des Eisbruchs im Camp aufgefangen.
Einmal lässt sich Tensing überreden, das Walkie-Talkie zu benutzen. Er will seinem Kollegen Da Namgjal eine Nachricht senden. Als die Verbindung steht, bekommen beide Männer Lampenfieber. Es werden mehrere «Oh, Da Namgjal!» und «Oh, Tensing!» ausgetauscht. Dann endet die wenig fruchtbare Konversation. Hier (**rechts**) sieht man Hillary bei seinem täglichen 17-Uhr-Ruf von Camp IV an Lowe in Camp VI.

Tensing und Hillary machen sich für den zweiten Ansturm bereit

Evans und Bourdillon ruhen sich einen Tag lang aus, bevor sie versuchen den Gipfel zu stürmen. Für den Fall, dass der erste Angriff fehlschlägt, hält sich das zweite Team bereit. Tensings Sauerstoffausrüstung funktioniert in Camp IV noch einwandfrei. In hoffnungsvoller Erwartung umwickelt er seinen Eispickel mit Flaggen, die er am Gipfel aufstellen will.

II. Der Gipfelsturm

VON SIR EDMUND HILLARY

Diesen persönlichen Bericht gibt Sir Edmund Hillary an Beverley M. Bowie aus der Redaktion von NATIONAL GEOGRAPHIC

NACHT AUF DEM SOUTH COL. Der Wind heult über den Grat. Die Zeltplane knattert wie ein Gewehrfeuer. Ein grauenvolles Geräusch. Ich liege zwischen Tensing und der Zeltwand und habe nicht genug Platz, mich auszustrecken. Jedes Mal, wenn mein Kopf an die Zeltwand stößt, fühlt es sich an, als würde mir ein Pressluftbohrer ins Gehirn gerammt.

Neben Tensing liegen Alf Gregory und George Lowe zusammengekrümmt in ihren Schlafsäcken. Sie zucken, drehen, wenden sich, suchen nach einer Position, die weniger kalt und unbequem ist. Wir haben die Sauerstoffmasken auf. Ein Liter pro Minute erleichtert das Dösen. Doch hier oben verliert man reichlich Speichel im Schlaf. Wenn die Flasche versagt, wird man so abrupt geweckt, als hätte jemand das Licht angeschaltet. Dann ist die Atemmaske aus Gummi klamm und kalt.

Immer wieder schaue ich auf die Uhr. Endlich kriecht der Stundenzeiger auf die Vier. Ich zünde ein Streichholz an. Das Thermometer an der Zeltwand zeigt minus 25 Grad. Es ist stockdunkel.

Ich stoße Tensing an, murmele irgendetwas von Frühstück und krieche herzlos wieder in den Schlafsack. Bald hat der Primuskocher das Zelt um ein paar Grad erwärmt. Zumindest hat man das Gefühl, aufrecht sitzen und etwas essen zu können, ohne Schaden zu nehmen. Wir sind ungepflegt, hocken zu eng beieinander und sind deprimiert. Wir stürzen ein paar Schlucke heißes Zuckerwasser mit Zitrone hinunter. Dann nagen wir an ein paar Keksen und diskutieren, für wen die Nacht am schlimmsten war.

Schnee ins Zelt geblasen

Greg will diese Ehre für sich in Anspruch nehmen. Denn zwischen Lowe und Tensing zu schlafen komme der Lage in einem Schraubstock gleich. Lowe kann ebenfalls punkten. Er deutet auf seinen Schlafsack. Ein Schneehaufen hat sich durch ein Loch in der Zeltwand darauf angesammelt. Er fegt den Schnee weg und grinst uns an: «Wenigstens habt ihr einen schönen Urlaub.»

Keiner antwortet. Wir bleiben liegen und warten fünf Stunden, dass der Sturm aufhört. Das tut er aber nicht.

Um neun Uhr packe ich zusammen und stolpere in John Hunts Zelt. Er teilt es mit Bourdillon und Evans. Auch Hunt ist der Meinung, dass der Gipfelsturm verschoben werden muss. Er entscheidet zudem, dass alle außer Greg, Lowe, Tensing, Ang Njima, Pemba und mir absteigen. So wird nicht unnötig viel von den Vorräten verbraucht.

Eine Stunde später sind sie startklar. Hunts Gesicht ist grau und müde. Seine eisblauen Augen sind noch eisiger als sonst. Er greift meinen Arm und ruft in den heulenden Wind: «Das Wichtigste ist, dass ihr heil zurückkommt. Nicht vergessen. Aber geht hoch, wenn es möglich ist.»

Vier müde Figuren verschwinden langsam in der monströsen Eiswand des Lhotse. Ich verbringe den Nachmittag damit, Sauerstoffflaschen zu sortieren, sie in die Rahmen zu schnallen und unsere Schlafsäcke vorzubereiten. Den ganzen Tag sind wir ohne Maske unterwegs. Wir können recht gut atmen, aber die Arbeit geht äußerst langsam voran.

Höhenkrankheit setzt einen Sherpa außer Gefecht

Die Nacht kommt, und der Sturm will uns immer noch vom Grat fegen. Es ist ein wenig bequemer, weil wir mehr Platz haben.

Um acht Uhr hat sich der Sturm gelegt. Pemba liegt vor seinem Zelt und würgt sich die Seele aus dem Leib. Er wird heute nirgendwo hinmarschieren. So bleibt uns zum Tragen nur Ang Njima. «So ein Mist!», denke ich. Der South Col ist einfach zu hoch für Mitleid.

Wir packen um und marschieren los. Lowe, Gregory und Ang Njima zuerst, um 8.30 Uhr,

Evans und Bourdillon stoßen bis auf die schneebekrönte Südspitze vor – höher als je ein Mensch zuvor. Sie befinden sich nur 90 Meter unterhalb der tatsächlichen Everest-Spitze

Das erste Team hofft, die letzten 1 000 Meter ohne Nachtlager vom South Col aus zu bewältigen. Am 26. Mai um 7.30 Uhr beginnen sie den Marsch mit künstlichem Sauerstoff. Mit viel Energie schaffen sie in einer Stunde fast 300 Meter. Auf halbem Weg geraten sie jedoch in Neuschnee. Er bietet den Steigeisen nur schlechten Halt. Dann beginnen die Schwierigkeiten mit Evans' Sauerstoffgerät.
Um 13 Uhr erreichen Evans und Bourdillon ihr erstes Ziel: die Südspitze bei 8 750 Metern (**oben**). Leider haben sie weder die Zeit noch genügend Sauerstoff oder Energie, den letzten Grat in Angriff zu nehmen.

Um 16.30 Uhr, am gleichen Tag, stolpern zwei müde Wesen am Ende ihrer Kräfte den letzten Hügel zu Camp VIII hinab (**rechts**).

jeder mit 20 Kilo beladen. Sie werden Stufen treten, damit wir Energie und Sauerstoff sparen. Wir starten um zehn Uhr. Wir haben Schlafsack, Luftmatratze, Nahrung, Ersatzkleidung und die Sauerstoffgeräte dabei.

In der Rinne nehmen wir die Stufen, die Lowe für uns herausgearbeitet hat. Wir müssen uns ducken, um einem Eishagel zu entgehen. Er stürzt aus 100 Metern auf uns herab. Wir ziehen uns seitwärts zurück und warten, bis die Kameraden in Richtung Südostgrat gehen. Gegen Mittag schließen wir bei einem windzerfetzten Zelt zu ihnen auf. Lambert und Tensing haben es 1952 zurückgelassen.

Der Blick ist beeindruckend. Wir fotografieren alles. Dann geht es weiter zum Lager, das uns John Hunt vor zwei Tagen bei 8 340 Metern eingerichtet hat. Jedes Gramm, das weitertransportiert werden muss, drückt auf die Stimmung. Aber die Sachen müssen nach oben. Greg nimmt den Sauerstoff. Lowe bindet sich Essen und Brennstoff an. Dann sehen alle hinüber zu unserem Zelt.

Der Campingplatz ist schief wie ein Scheunendach

Schließlich sage ich zu Lowe: «Gut, ich nehme das Zelt, wenn du spurst.» Lächelnd

übernimmt er die Führung. Er geht hervorragend. Es wird sein bester Tag am Everest werden. Schon auf der Lhotse-Flanke war er gut. Aber hier zeigt er, was wirklich in ihm steckt.

Mit 23 bis 28 Kilo auf dem Rücken gehen wir den steiler werdenden Grat an. Ab 14 Uhr suchen wir nach einem Zeltplatz. Aber der ganze Hang ist so schräg wie ein Scheunendach. Eine halbe Stunde lang suchen wir, steigen, queren. Endlich finden wir einen Vorsprung, 1,80 Meter mal 1,20 Meter, mit einem Neigungswinkel von 30 Grad.

Dann kehren auch George, Greg und Ang Njima um. Nun sind wir wirklich allein.

Das Zelt ist die erste Herausforderung. Zwei Stunden kratzen wir an den Felsen, im Schnee und im Geröll, um es aufzubauen. Schließlich entscheiden wir uns für zwei Terrassen – knapp einen Meter breit, 1,80 Meter lang. Dazwischen liegen ungefähr 30 Zentimeter Höhendifferenz. Zwei weitere Stunden dauert es, bis das Zelt steht und notdürftig an Steinen und Sauerstoffflaschen gesichert ist.

Gegen 18.30 Uhr kriechen wir in die Schlafsäcke. Wir machen den Primus an und essen zu Abend: Aprikosen aus der Konserve, Datteln, Sardinen, Kekse, Marmelade und Honig. Wir beschränken uns auf vier Stunden Sauerstoff im Zweistundentakt. Zwischendurch macht Tensing heiße Getränke für uns beide. Wir reden kaum. Immer wieder kalkuliere ich, wie viel künstlichen Sauerstoff wir für den Aufstieg haben, wie viel wir brauchen werden und wie viel wohl noch in den Flaschen ist, die uns Bourdillon und Evans auf dem Abstieg vom Südgipfel hinterlassen haben.

Vier Uhr. Wir stecken die Köpfe aus der Zelttür. Der Wind ist gnädig. Weit entfernt liegen die Täler Nepals noch in tiefer Dunkelheit, doch die Gipfel des Makalu und Ama Dablam hat die Sonne bereits erreicht.

Gefrorene Stiefel sind hart wie eine Ritterrüstung

Tensing schmilzt Schnee für den Tee. Ich schleppe die Geräte herein. Ich schlage das Eis von den Ventilen und teste sie. Am Abend zuvor habe ich meine Stiefel am Fußende des Zelts als Stütze des Schlafsacks aufgestellt. Jetzt sind sie so hart wie eine Ritterrüstung. Ich erhitze sie über dem Primuskocher. Es dauert eine gute Stunde, bis sie aufgetaut sind. Der Geruch ist grauenvoll. Endlich können wir losgehen. Tensing spurt durch den Pulverschnee, bis meine Füße warm sind. Dann übernehme ich das Kommando.

Wir kommen gut voran, ohne unsere Reserven komplett zu verbrauchen. Unser nächstes Ziel ist der Sattel, an dem Evans und Bourdillon die Sauerstoffflaschen für uns hinterlassen haben. Die Zylinder sind leicht zu entdecken. Mit etwas Glück müsste unser gesamter Sauerstoffvorrat für den Gipfelsturm und die Rückkehr in dieses Lager ausreichen.

Angriff auf die Wand des Südgipfels

Rund 120 Meter unterhalb des Südgipfels müssen wir Halt machen. Wo sollen wir entlanggehen? Bourdillon und Evans sind links über den Grat gegangen und über die breite Wand zurückgekehrt. Aber für mein Empfinden sieht der Grat mit dem losen Schnee, der die Felsen verdeckt, gefährlich aus. Wir entscheiden uns für die Wand.

Steile Wände wie diese lassen sich nicht im Zickzackkurs besteigen. Denn damit höhlt man sie aus und sitzt bald auf einer Lawine mit einem Oneway-Ticket in die Tiefe. Wir gehen sie also direkt an.

Normalerweise wäre das Risiko nicht zu rechtfertigen. Aber hier geht es um den Everest. Da muss man auch auf kleine Gewinnchancen setzen. Das Ziel ist es wert. Zumindest versuche ich, mir das einzureden.

Ein paar Meter höher wird der Schnee fester. Wir können Stufen hacken und kommen schnell nach oben. Um neun Uhr stehen wir auf dem Südgipfel.

Wir haben einen entscheidenden Vorteil gegenüber Evans und Bourdillon. Dank des höher gelegenen Camps sind wir vier Stunden früher hier und haben mehr Sauerstoff und Kraft, um unser Ziel anzugehen. Was wird es uns abverlangen?

Wir hauen uns einen Sitz direkt unter dem Südgipfel, nehmen die Masken ab und peilen die Lage. Der Gipfel selber ist nicht zu sehen. Er steckt irgendwo über dem Grat, der uns seine Messerschneide entgegenhält. Er wird uns auf eine harte Probe stellen. Zur Rechten ragt ein Vorsprung über einen Steilabfall von 3 000 Metern auf den Kangshung-Gletscher an

Das zweite Team mit Gregory, Lowe und Sherpas überquert die Lhotse-Flanke

George Lowe hat einen Teil des Quergangs hinter sich, als das erste Team von Evans und Bourdillon hinter der Südspitze verschwindet. Lowe ist sich sicher, dass sie den Gipfel erreichen würden. Deshalb beginnt er zu tanzen und Unverständliches durch seine Maske zu rufen. «Jetzt hat's den alten George erwischt», denkt Hillary nur und marschiert weiter. Erst als Evans und Bourdillon zurückkommen, lässt sich Lowe davon überzeugen, dass sie das Ziel nicht erreicht hatten.

der Ostflanke. Zur Linken liegt ein steiler Schneehang. Er reicht bis zu einer hohen Felsmauer über dem Western Cwm.

Da gibt es kaum etwas zu besprechen. Die einzig mögliche Route liegt dazwischen, mit dem Schnee als Unsicherheitsfaktor. Wenn er fest ist, haben wir eine Chance. Ist er lose und trocken, war der lange Marsch umsonst.

Noch einmal überprüfe ich die Sauerstoffreserven. Eine volle Flasche für jeden haben wir noch. Das macht 800 Liter. Bei drei Litern pro Minute reicht das für viereinhalb Stunden Steigen. Dieser Vorrat muss uns genügen.

Voller Tatendrang gehen wir mit Steigeisen zum Grat. Ich ramme Eispickel in den Schnee. Er ist so, wie wir ihn uns gewünscht haben: kristallin, fest und dicht. Mit zwei oder drei Hieben kann ich eine Stufe schlagen, die groß genug ist für unsere Stiefel. Dann noch ein kräftiger Stoß, und der Pickel ist tief genug drinnen, um eine ausreichende Sicherung zu bieten.

Tensing atmet angestrengter

Ich führe, schlage am Zwölf-Meter-Seil Stufen, ruhe mich kurz aus und wickle dabei ein paar Runden Seil um den Eispickel. In der Zeit kommt Tensing heran. Nun sichert er mich. Ich trete neue Stufen. Wir kommen zunächst gleichmäßig voran. Dann wird Tensing

Völlig übermüdet und ermattet stolpert das erste Team ins Camp zurück

Der letzte gefährliche Abschnitt ist eine vereiste, glatte Stelle oberhalb des South Col. Darauf ist Evans nicht vorbereitet. Er rutscht aus und reißt Bourdillon mit. Wie auf einem Schlitten sausen sie in die mehr als 400 Meter tiefe Rinne. Bourdillon kann die Fahrt schließlich abbremsen, indem er seinen Eispickel in den Schnee rammt. Evans (**oben links**) über diese Eskapade: «Das hat mich nicht umgehauen.»

Porträt eines Führers: Hunt gibt Befehle „aus der ersten Reihe"

Selbstlos bemüht er sich darum, die besten Bergsteiger für den Gipfelsturm nach vorn zu bringen (**links**). Er selber übernimmt die strapaziöse Aufgabe, Nachschub vom South Col zu Hillary und Tensing zu bringen. Obwohl die Sauerstoffventile vereisen, gelingt ihm der Anstieg auf 8 340 Meter. Seine Anweisung an Hillary: «Nicht aufgeben, aber heil zurückkommen.»

etwas langsamer, seine Atmung wird immer schneller.

Wie die meisten Sherpas hat Tensing nur eine vage Idee davon, wie ein Atemgerät funktioniert. Vielleicht ist er erschöpft und merkt es gar nicht. Ich überprüfe den Schlauch und stelle fest, dass die Ventile fast vollständig vereist sind. Wahrscheinlich hat er schon seit einigen Minuten kaum noch Sauerstoff bekommen.

Dann überprüfe ich meinen Schlauch – auch hier hat sich bereits Eis gebildet, aber noch ist meine Luftzufuhr nicht beeinträchtigt. Ich muss bei uns beiden ein Auge darauf haben.

Ungefähr eine halbe Stunde schlage ich weitere Stufen. Dann stehen wir vor einem Hindernis, dessen Existenz wir fürchten, seitdem wir eine Luftaufnahme davon gesehen haben. In Thjangboche konnten wir es mit dem Fernglas sichten: ein grausig großer Felsen, zwölf Meter hoch, direkt in den Grat gerammt. Eine Besteigung ist völlig ausgeschlossen. Eine Umrundung – auch unmöglich. Aber …

Aber dort, wo sich der Schneevorsprung zur Rechten vom Fels zurückgezogen hat, zieht sich eine schmale Spalte – eine Art Kamin – hinauf.

Zwölf Meter in einer halben Stunde

Wir sehen ihn uns mit gemischten Gefühlen an. Dann sage ich zu Tensing: «Wir versuchen es einfach.»

Er sichert, und ich quetsche mich hinein. Mit dem Rücken zum Gesims suche ich am Fels nach Halt, drücke die Steigeisen in den Schnee und ziehe mich hoch.

Meine Taktik steht und fällt mit der Frage: Hält der Kamin? Natürlich hat mich Tensing auf einem Felsen gesichert. Aber das ist höchstens eine moralische Unterstützung. Wenn der Schnee nachgibt und ich plötzlich über dem Kangshung-Gletscher hänge, ist es unerheblich, ob mich Tensing fünf oder 50 Minuten lang halten kann.

Zentimeter um Zentimeter ziehe, schiebe und drücke ich mich hoch. Die Spalte zieht sich nur über eine Seillänge. Aber es dauert mehr als eine halbe Stunde, bis ich den oberen Vorsprung erreicht habe und mich an ihm herausziehen kann. Da liege ich und schnappe nach Luft wie ein an Land gezogener Fisch. Schließlich signalisiere ich Tensing, er solle nachkommen. Zum ersten Mal bin ich nun davon überzeugt, dass wir wirklich die Spitze erreichen werden.

Immer noch liegt ein Grat vor uns

«Wie fühlst du dich?», frage ich Tensing. Der grinst nur und winkt mit der Hand in Richtung Grat. Ich führe weiter und trete Stufen. Höher und höher. Es scheint kein Ende zu nehmen.

Ich werde müde und will Zeit sparen, indem ich mich nur auf die Steigeisen verlasse. Nach ein paar Minuten nehme ich aber doch wieder den Pickel. Denn der Neigungswinkel ist noch zu steil und gefährlich. Mein Elan ist weg. Verbissen hacke ich mich weiter.

Wir stehen auf dem Dach der Welt

Plötzlich fällt mir auf, dass der Grat sich nicht mehr nach oben, sondern nach unten neigt. Ein schneller Blick nach rechts – direkt über mir liegt ein schneebedeckter kleiner Hügel, so groß wie ein Heuhaufen.

Der Gipfel.

Mit dem Eispickel probiere ich vorsichtig die nächsten Schritte. Der Schnee ist dicht und fest. Die letzten Schritte taumeln wir. Wir sind da. Nichts mehr über uns. Die ganze Welt unter uns.

Zuerst verspüre ich nur Erleichterung und das Gefühl, ein Wunder zu erleben. Dann schüttele ich Tensing die Hand. Unter der Schneebrille, der eisverkrusteten Atemmaske und der Strickmütze kann ich das glückliche Strahlen seiner Augen erkennen. Er umarmt mich. Uns fehlen die Worte.

Meine Uhr zeigt 11.30 Uhr an. Zweieinhalb Stunden nach dem Südgipfel, fünf Stunden vom Zelt entfernt. Es fühlt sich viel ferner an.

Fotografien beweisen, dass der Gipfel erreicht wurde

Ich drehe den Sauerstoff ab und entferne die Maske. In der dünnen Luft bei 8850 Metern wird meine Atmung etwas schneller. Aber es ist auszuhalten. Ich suche nach der Kamera, die ich in meinem Hemd warmgehalten habe. Wir müssen zu jeder Seite hin Fotos machen. So können wir beweisen, dass wir hier waren. Ich steige den Kegel ein paar Schritte hinab und fotografiere Tensing. Er hält seinen Eispickel mit den Flaggen. Die Farben der

In der dünnen, trockenen Luft arbeiten sich Hillary und Tensing voran (oben). Sie gehen über Stufen, die der Unterstützungstrupp getreten hat

In zwei grausig kalten Nächten auf dem South Col drohen die Zelte Hillarys und Tensings vom Wind weggefegt zu werden. Dann errichtet das zweite Team mit einem dreiköpfigen Hilfstrupp bei 8 500 Metern das letzte Camp. Hunt besteht darauf, dass eines der zwei Gipfelteams kurz vor dem South Col kampiert.

Auf diesem trostlosen Vorsprung pausieren Hillary und Tensing auf ihrem Weg zu Camp IX (**rechts**). Die rasiermesserscharfe Spitze des Makalu (8 470 Meter) ragt hinter Hillarys Schulter aus dem Nebel heraus.
Hillary legt die Sauerstoffmaske für einige Minuten ab. Auch bei 8 300 Metern hat er keine Atembeschwerden – ein Beweis für seine gute Akklimatisation. Hätte er ein geschlossenes System benutzt, wäre er abhängig von reinem Sauerstoff. Er liefe bei Abnahme der Maske Gefahr, das Bewusstsein zu verlieren.
In der Nähe entdeckt das Team die Überreste eines Zelts. Darin hatten Tensing und der Schweizer Bergführer Raymond Lambert bei ihrem erfolglosen Angriff im Jahr zuvor eine furchtbare Nacht ohne Schlafsack und Kocher verbracht. Dieses Erlebnis scheint Hunts These zu stützen: «Den Everest kann man nicht drängen.»

Ein guter Halt für Lowes Hände und Stiefel sind die schräg nach oben gepressten Felsen am Südhang

Eine große Gefahr beim Anstieg von der Nordseite oder aus Tibet sind die nach unten abfallenden Felsschichten. Die nach oben ragenden Felsen am Südgrat bieten einen weitaus besseren Halt.

Auf dem Foto (**rechts**) legt Lowe mit dem Seil eine Route zum Vorratslager. Hunt und Da Namgjal haben es zwei Tage zuvor eingerichtet. In dieser Nische an der Südwestseite nehmen die Männer Sauerstoffflaschen, Nahrungsmittel und Brennstoff auf. Sie tragen nun eine Last von bis zu 28 Kilo.

Nur eine einzige Erholungspause bleibt Lowe nach der Tortur an der Lhotse-Flanke. Dennoch übernimmt er gut gelaunt die überaus anstrengende Aufgabe, Vorräte zu Camp IX zu tragen und Stufen zu treten. Hillarys Kommentar dazu: «Das war für George der bedeutendste Tag am Everest.»

Vereinten Nationen, Großbritanniens, Nepals und Indiens flattern steif im Wind.

Wir suchen nach Zeichen, die darauf deuten, dass Mallory und Irvine vor uns hier gewesen sind. Es gibt keine. Doch ich mache auch ein Foto von der Route, die sie und viele andere vom North Col entlang des zerklüfteten Nordwestgrats genommen haben. Dann richte ich meine Kamera hoffnungsvoll auf den noch nicht bestiegenen Makalu, das phantastische Massiv des Kangchenjunga weit hinten am Horizont, auf den Cho Oyu im Nordwesten und die glitzernden Bergketten Nepals.

Tensing gräbt mit der Hand ein kleines Loch in den Schnee. Dort hinein legt er einige Gaben für die Götter. Viele Buddhisten glauben, dass sie hier oben leben. Heute bekommen sie einen kleinen blauen Stift von seiner Tochter, eine Tafel Schokolade, ein paar Kekse und eine Hand voll Lutscher. Ich lege daneben ein Kruzifix, das John Hunt von einem Freund bekommen und mir am South Col übergeben hat.

Es ist Zeit zu gehen. Ich setze die Sauerstoffmaske auf und drehe mich um. Jetzt sind wir beide müde.

Mit den Steigeisen kommen wir schnell die Stufen hinunter. Wir kennen die Route und wissen, was uns erwartet. Diese Sicherheit verleiht uns Selbstvertrauen und Schwung. Selbst der Kamin sieht jetzt vertrauenswürdig aus. Wir steigen hindurch, als könnte er sich gar nicht lösen.

Vom Südgipfel aus wagen wir uns dann an den Abschnitt, vor dem uns beiden graut: den großen Schneehang auf der gegenüberliegenden Wand. Ein garstiges Ding. Es fällt schräg vom Gipfel ab, direkt auf den Kangshung-Gletscher zu. Im weichen Schnee hält keine Eispickelsicherung. Wenn einer von uns ins Rutschen käme, würden wir fast 3 000 Meter in die Tiefe stürzen, allerdings ohne Fallschirm.

Zentimeterweise geht es die spiegelglatte Treppe hinab

Der Abstieg erfolgt mit dem Rücken zur Wand und dem Gesicht nach unten. Wir haben das unangenehme Gefühl, zu schwer zu sein. Wir scheinen uns nach vorn zu neigen und drohen hinunterzufallen. Wir setzen die Stiefel auf die Stufen, als balancierten wir auf einem Drahtseil. Ich fluche leise, als wir zu einer Reihe sehr hoher Stufen kommen. Der ehrgeizige Tensing hat sie gehackt. Jetzt muss ich immer noch eine Zwischenstufe einbauen.

Noch 40 Schritte. Noch 20. Fünf ... Wir sind unten und können uns abwärts in Richtung des relativ sicheren Südostgrats bewegen. Wir schauen uns an. Mit einem Seufzer schütteln wir die Angst ab. Den ganzen Tag über lag sie uns wie ein Gewicht auf den Schultern. Das Schlimmste ist nun vorüber, wir sind beinahe unten.

Mit der Reserveflasche von Evans und Bourdillon marschieren wir zu unserem armseligen kleinen Camp. Der Wind hat vom Zelt schon jetzt nur noch die Hälfte übrig gelassen. Es ist 14 Uhr. Auf dem Paraffinofen erwärmt Tensing Limonade. Ich tausche unsere Sauerstoffflaschen aus – es sind die letzten – und begrenze den Zustrom auf zwei Liter pro Minute. Wir schlürfen unsere Getränke und blicken etwas benommen auf den South Col hinab. Dort setzen sich ein paar Punkte vom Camp in Bewegung. Vielleicht sind es Lowe und Noyce.

Schließlich raffen wir uns auf, laden Luftmatratzen und Schlafsäcke auf. Vor Erschöpfung spüren wir nichts mehr. Wir stolpern zur Schlucht. Dort erwartet uns eine herbe Überraschung. Der (*Fortsetzung auf Seite 106*)

Ein falscher Schritt auf die Wächte der Südspitze, und man läuft Gefahr, mehr als drei Kilometer in die Tiefe zu stürzen

Am 28. Mai verbringen Hillary und Tensing auf einem winzigen Vorsprung auf 8 500 Metern eine unruhige Nacht. Am Morgen erklimmen sie mit größter Umsicht die trügerische Schneewand der Südspitze. Dann nehmen sie den mit Fußabdrücken markierten Pfad des Südgrats. Auf der Hälfte des Wegs entstand diese Aufnahme. Sie zeigt die harten Bedingungen, die dort herrschen, wo Schnee auf Felsen trifft. Die Wächten sind vom Wind geschliffene Schneetafeln über einem erschreckenden Abgrund. Bergsteiger meiden sie, weil sie abbrechen können.

Dann kommt die Situation, die Hillary lange gefürchtet hat: Sie stehen vor einer fast senkrechten, zwölf Meter hohen Felsstufe. Sie ist so glatt, dass sie sich weder umgehen noch besteigen lässt.

Wo die Schneewächte vom Felsen wegstrebt, entdeckt er einen Spalt. Mit dem Rücken gegen den Schnee gepresst, schiebt er sich zentimeterweise nach oben. Er hofft, die Wächte werde nicht plötzlich in sich zusammenbrechen. Eine Stunde später klettert er oben aus dem Felskamin. Er ist erschöpft, doch sicher, dass sie nun nichts mehr aufhalten kann.

Vom Dach der Erde: die einsame, karge Welt des Himalaja

Eis über Eis – ein Meer schneebedeckter Gipfel zu Hillarys Füßen bis zum Horizont, der 240 Kilometer weit zu sehen ist. In dem eisigen, beunruhigenden Panorama schweift Hillarys Blick über Hunderte hoher Berge von Tibet im Norden nach Sikkim im Osten und Nepal im Süden und Westen. Nur eine Hand voll dieser Gipfel ist erforscht, noch weniger sind erklommen.

Oben: Im Südosten erhebt sich die gezackte Pyramide des Makalu (**rechts**). Obwohl er fast 20 Kilometer entfernt ist, wirkt er wie ein Vorgipfel des Everest. Als professioneller Bergsteiger lässt Hillary seinen Triumph gedanklich gleich hinter sich. Er überlegt, ob sich nicht eine Route zu diesem jungfräulichen Berg von 8 470 Metern finden ließe. Schon 1934 hatte ihn eine amerikanische Expedition ins Visier genommen.

Der brutale Klotz des fünfgipfeligen Kangchenjunga – der dritthöchste Berg der Welt – dominiert den Horizont an der entfernten Grenze zu Sikkim.

Links: Nordwestwärts blickt Hillarys Kamera auf den gewundenen Hang des West-Rongbuk-Gletschers. Er diente früheren Everest-Expeditionen von Tibet aus als Aufstiegsroute.

29. Mai, der Tag des Sieges: Tensing steht auf dem Dach der Welt

Erschöpft fragt sich Hillary bereits, ob der Everest überhaupt einen Gipfel habe. Dann legt er noch ein kurzes Stück zurück und erkennt, dass der Weg bereits nach unten führt. Über seiner rechten Schulter sieht er einen kleinen Kegel. Darüber – nichts. Nur noch ein paar Schritte, dann stehen er und Tensing triumphierend auf dem höchsten Gipfel der Welt.

Tensing vergräbt Gaben für die buddhistischen Götter, Hillary ein Kruzifix. Dann macht er viele Fotos – aber keines von sich. «Tensing kann nicht fotografieren», sagt er später, «und der Everest ist nicht der Ort, es jemandem beizubringen.» Flaggen der Vereinigten Staaten, Großbritanniens, Nepals und Indiens flattern an Tensings Eispickel.

Der Nordgrat des Everest: Dieses Bild beweist, dass Hillary den Gipfel erreicht hat

Dieser Blick ist nur vom Bergkamm nach dem Anstieg über den South Col aus möglich. Das Foto zeigt die verhängnisvolle Route aller Vorkriegsexpeditionen. Mallory und Irvine hatten den Aufstieg von dort 29 Jahre vorher versucht. Sie wurden zuletzt bei ungefähr 8 500 Metern gesehen. Hillary entdeckte keinerlei Spur von ihnen am Gipfel.

Fußabdrücke im Schnee markieren die Route der Eroberer beim Abstieg

Auf der Südspitze in Sicherheit, fotografiert Hillary den letzten Grat. Nur er, Tensing, Bourdillon und Evans haben ihn je vom Boden aus gesehen. Beim Abstieg entlang der gleichen schneebedeckten Route geht das Paar die Gefahren mit selbstsicherer Sorglosigkeit an. Hillary springt in den furchterregenden Kamin, als würde er eine Scheunenleiter hinabklettern. Erst auf dem Hang unterhalb der Südspitze kehrt die Angst zurück. Denn Puderschnee macht eine Sicherung unmöglich.

Gregory und Bourdillon (**rechts**) begleiten den müden Hillary nach seinem 1 400-Meter-Abstieg vom South Col am 30. Mai ins Camp VI.

Bei unzähligen Tassen Tee erzählen Tensing und Hillary den Kameraden am Western Cwm immer wieder die große Erfolgsgeschichte ihres Teams (**unten**). Hillary ist überglücklich. Aber er ist so erschöpft, dass er das Gefühl hat, das alles würde einem anderen passieren.

(*Fortsetzung von Seite 98*) Wind hat alle Stufen weggefegt, die wir tags zuvor geschnitten haben. Er hat uns einen glatten vereisten Hang hinterlassen. Ich grunze voller Abscheu und baue uns eine neue Spur – 61 Meter abwärts. Immer wieder erfassen mich bösartige Windstöße. Das zwingt mich, meinen Eispickel tiefer in die Wand zu stoßen und mich daran festzuklammern. Wenn ich einen Moment so verharre, versuche ich, mein Gesicht vor dem harten, wirbelnden Schnee zu schützen.

Dann kommen wir unten an. Dort erwartet uns nur noch ein harter Trampelpfad den South Col hinab. Eine einzelne Gestalt kommt uns schon entgegen. Es ist Lowe, mit heißer Suppe und Ersatzsauerstoff. Ich grinse den alten George schief an:

«Dem Luder haben wir ganz schön eine verpasst!»

Sein strahlendes Gesicht ist ein schöner Anblick. Lowe und ich sind schon oft gemeinsam geklettert. Es tut mir gut, dass ich ihm eine angemessene Nachricht präsentieren kann. Er und die anderen haben viel durchgemacht, um unser Team in Position zu bringen. Aber Tensing und ich sind jetzt beide zu erledigt, um ihm ausführlich von unserem Abenteuer zu berichten.

Wir stolpern hinunter ins Camp. Mein Sauerstoff ist schon vorher verbraucht. Aber das macht nichts. Wir kriechen ins Zelt und brechen mit einem großen Freudenseufzer auf unseren Schlafsäcken zusammen.

Zu aufgeregt, um schlafen zu können

Dennoch schlafen wir in der Nacht sehr wenig. Der Wind, die bittere Kälte, die Aufregung, die erst jetzt einsetzt – all das hält uns wach. Völlig aufgedreht, durchleben wir noch einmal die besten und schlimmsten Abschnitte des langen Gipfelsturms.

Am Morgen sind wir noch immer ziemlich schwach, aber nicht völlig erschöpft. Das Zusammenpacken dauert länger, als es sollte. Bis zum Ende fordert der Everest seinen Tribut für die Freiheiten, die wir uns herausgenommen haben. Wir nehmen die 61 Meter des Abhangs über dem South Col und beginnen den zermürbenden Quergang über die Lhotse-Flanke.

Tensing und ich gönnen uns den Luxus von Sauerstoff beim Abstieg. Wir brauchen ihn zwar nicht unbedingt, aber wir finden, wir haben ihn verdient. Selbst mit Sauerstoff müssen wir allerdings langsam gehen.

Als wir die Eisstufen zu Camp VII hinunterstolpern, das wir für verlassen halten, überrascht uns ein lauter fröhlicher Ruf. Charles Wylie und seine Sherpas stürzen aus den Zelten auf uns zu. Sie drücken uns Tassen mit heißen Getränken in die tauben Hände. Die Stimme von Whylie wirkt seltsam – sie hört sich so unnatürlich stark, lebendig und frisch an. Nach unseren Tagen des körperlichen Verfalls dort oben ein ungewohnter Klang. Plötzlich bin ich ganz entspannt und völlig sicher, dass alles gut ausgehen wird.

Auf unsere Sherpas hat die Nachricht eine ebenso positive Wirkung. Sie umringen uns, schütteln uns die Hände und grüßen Tensing – einen der ihren – mit einer neuen und noch liebevolleren Form des Respekts. Öfter höre ich den Satz:

«*Everest khatm ho gya*, Sahib!», jetzt hat's den Everest erwischt!

Der Sieg: Er gilt dem ganzen Team

Aber Camp VII ist kein Hotel. Jetzt wollen wir nur noch vom Berg hinunter. Der Weg führt am Lhotse-Gletscher und den Camps VI und V vorbei, in den Cwm und entlang der Schneeroute zu Camp IV. Als wir in das Blickfeld der Mannschaft dort geraten, kommen kleine Figuren aus den Zelten. Sie laufen uns entgegen.

Erst aus etwa 50 Meter Entfernung geben wir ein Zeichen. Zum Zeichen des Sieges hebt Lowe den Daumen hoch und winkt mit seinem Eispickel in Richtung Gipfel. Sofort stürzt die ganze Truppe mit einem Freudenschrei auf uns zu. Sie sind zwar alle geschwächt, aber auf den letzten Metern laufen sie und stürzen sich uns entgegen. John Hunt ist zu erschöpft, als dass er mehr als ein Lächeln zustande brächte. Er umarmt mich und lässt seinen Kopf auf meine Brust sinken.

Es ist ein seltsamer, bewegender Moment. Ich bin so geschwächt, dass ich das Gefühl habe, ich würde einige Schritte neben mir stehen und jemanden beobachten, dem all das gerade passiert. Aber eines weiß ich genau: Wie froh ich bin, dass wir Hunt die Kunde vom Sieg bringen können. Er hat so viel dafür getan.

Holipulver und Blütenkränze vom Roten Jasmin schmücken die Sieger in Kathmandu

In diesem eleganten Aufzug wurden Hillary, Hunt und Tensing vom nepalesischen König und seinem Hofstaat empfangen. Sie haben gerade zwei Wochen Trekking vom Fuß des Everest hinter sich. Griffith Pugh trug bei der königlichen Zeremonie dieselben Hosen, die er beim An- und Abmarsch getragen hatte. Als besondere Ehrung bewarfen die jubelnden Nepalesen die Kletterer mit rotem Holipulver. Es kommt sonst nur am Holitag, dem hinduistischen Frühlingsfest, zum Einsatz.

Schwieriger ist es, den Abt von Thjangboche davon zu überzeugen, dass der Everest besiegt ist. Bei einer Rast auf dem Weg nach Kathmandu fragt der schon ältere Abt Tensing, ob er am Gipfel die Götter getroffen habe. «Nein? Nun, dann haben Sie den Gipfel nicht erreicht. Das tut mir wirklich Leid für Sie.»

Zwar bestimmen Faktoren wie Wind, Schnee und körperliche Verfassung der Bergsteiger den Tag der tatsächlichen Besteigung des Gipfels. Dennoch erreicht London die Nachricht durch einen glücklichen Zufall am Vorabend der Krönung von Elizabeth II. am 2. Juni 1953. Im Basiscamp hören die Kletterer im Radio die Verkündung ihrer Heldentat. «Bis wir diese offizielle Ansage hörten, konnten wir es selber gar nicht glauben», sagt Hillary.

Die siegreichen Sechs

Die erste amerikanische Expedition zum Everest nimmt den Berg im Sturm

VON NORMAN G. DYHRENFURTH

Leiter der amerikanischen Mount-Everest-Expedition 1963

FOTOS VON BARRY C. BISHOP

für die National Geographic Society

Norman Dyhrenfurth hat die Expedition organisiert. Sie führte die drei Teams auf den Gipfel des Everest. Hier lässt der Kameramann nepalesische Kinder durch den Sucher seiner Kamera schauen.

HINAUFGEHEN, Bara, Sah'b?» Ich schüttle den Kopf. Durch den heulenden Sturm rufe ich: «Nein, Ang Dawa. Hinunter!» Alle meine Hoffnungen sind da oben, aber unsere Aufgabe wartet jetzt unten.

Seit 1952 träume ich von der Besteigung des Mount Everest. Damals nahm ich an einer Schweizer Expedition teil und kam fast bis zum Gipfel. Aber nun, 244 Meter vor dem Ziel, ist unser Sauerstoffvorrat verbraucht. Wenn wir unsere bleischweren Beine und keuchenden Lungen jetzt weiter nach oben zwingen, kehren wir vielleicht nie wieder zurück.

Am frühen Morgen sind James F. Whittaker, genannt Big Jim, und der Sherpa Nawang Gombu zu der – wie wir hoffen – ersten amerikanischen Besteigung des Everest aufgebrochen. Ich habe den Auftrag, den Aufstieg zu filmen. Doch das ist nun wohl unmöglich. Ang Dawa und ich kehren zum Camp VI um. Dort werden wir auf Big Jims und Gombus Rückkehr warten und eine warme Mahlzeit zubereiten.

Sie kommen tatsächlich zurück, an diesem Tag im Mai 1963, völlig erschöpft und halb verdurstet – aber mit Siegermienen.

Drei Wochen später werden noch vier weitere Mitglieder unserer Gruppe – Luther Jerstad, Barry Bishop, William Unsoeld und Tom Hornbein – den Gipfel bezwingen. Unsoeld und Hornbein vollbringen eine beispiellose Glanzleistung: Sie bezwingen den Berg, indem sie den bislang unberührten Westgrat erklettern. Auch auf der anderen Seite steigen sie eine Route hinab, die sie nie zuvor gegangen sind.

Auf diese Weise bringt unsere Expedition die Vereinigten Staaten zum ersten Mal an die Spitze der obersten Bergsteigerliga.

Teamgeist als Schlüssel zum Erfolg

Im Jahr 1960 begann ich mit der Verwirklichung meines Traumes. Gerade von der vierten Himalaja-Expedition zurückgekehrt, bat ich die nepalesische Regierung um Erlaubnis, den Everest zu besteigen. Es folgte eine lange entmutigende Suche nach Sponsoren.

Mitstreiter zu gewinnen war vergleichsweise leicht: 150 Bewerber meldeten sich, 17 entsprachen den Anforderungen. Fast alle hatten bereits schwierige Gipfel bezwungen – in Alaska, in den Anden oder in Asien.

Die Bergsteiger befinden sich auf 7 620 Metern Höhe an der Steilwand des Lhotse. Vor ihren Augen erhebt sich der schneebedeckte Südgipfel des Everest. Die Männer sind mit Eispickeln, den Steigeisen und einem am Berg befestigten Seil gesichert. Die Luft hat hier nur ein Fünftel des Sauerstoffgehaltes, den sie normalerweise auf Meeresniveau hat. Daher brauchen die Männer Sauerstoffgeräte.

900 Träger nähern sich einer Brücke aus Baumstämmen. Sie müssen sie im Gänsemarsch überqueren. Um auszuruhen, stützen sich die Träger mit ihrer Last auf einen T-förmigen Stock.

Keiner der Männer ist ein Einzelgänger: Kooperationsbereitschaft ist für den Erfolg einer Everest-Expedition absolut notwendig. Unter den amerikanischen Teilnehmern haben fünf einen Abschluss als Master, fünf einen Doktorgrad und drei sind Ärzte. Eine Gruppe mit außergewöhnlich hohem Bildungsniveau.

Doch woher sollte das Geld für unser waghalsiges Unternehmen kommen? Die Amerikaner sind nicht gerade für ihr Interesse am Bergsteigen bekannt. Viele hielten uns für verrückt.

Im Mai 1962 erlöst uns die National Geographic Society aus der misslichen Lage. Sie wird unser Hauptsponsor. Das verleiht der Expedition ein Prestige, das weitere Geldgeber anzieht. Der Forschungsausschuss der Gesellschaft bewilligt die Mittel für Studien in Gletscherkunde, Meteorologie und Sonnenstrahlung. Am Ende beträgt die Fördersumme der National Geographic Society insgesamt 175 000 Dollar. Diese Summe schließt auch die Gelder für einen Dokumentarfilm über die Expedition ein.

Ehrgeiziges wissenschaftliches Programm

Abgesehen von unserem geowissenschaftlichen Forschungsauftrag wollen wir auch die Auswirkungen der Höhe auf den menschlichen Organismus untersuchen: Wie reagieren Körper und Geist in der sauerstoffarmen Atmosphäre auf Erschöpfung, Isolation, Kälte, Schlafmangel, Beklommenheit, Dehydration und Atemnot? Das Institut für Marineforschung, die Atomenergiekommission, die Universität von Kalifornien, die Nationale Forschungsgemeinschaft (NSF) und das Quartermaster Corps der US-Army hatten hierfür ihre Unterstützung zugesagt. Ebenso die amerikanische Raumfahrtbehörde (NASA) und die Luftwaffe. Die NSF finanzierte zudem unsere Studien des menschlichen Verhaltens in Stresssituationen.

Unsere Ausrüstung testen wir erstmals im September 1962 bei Übungsgängen am Mount Rainier. Einige der Dinge sind noch nie im Gebirge eingesetzt worden: Zelte mit Außenrahmen, die auch bei starkem Wind aufgestellt werden können; getrocknete und gefriergetrocknete Lebensmittel; leichtgewichtige Funkgeräte, mithilfe derer die Gruppe permanenten Kontakt mit dem Basislager halten kann. Dazu kommt eine revolutionäre Sauerstoffmaske – einfach, zuverlässig und leicht zu handhaben. Sie wurde von einem unserer Teammitglieder, dem Anästhesisten Tom Hornbein, entwickelt.

Zwischenfälle überschatten den Anmarsch

Am 20. Februar 1963 bricht unsere Karawane von 909 Trägern, 32 Sherpas, 19 Expeditionsmitgliedern und 27 Tonnen Gepäck schließlich zu dem 300 Kilometer langen Marsch von Banepa bei Kathmandu zum Everest auf. Der Konvoi gleicht einem sechs Kilometer langen Tausendfüßler, der zwei Stunden braucht, um seinen Schwanz dorthin zu bewegen, wo vorher sein Kopf war.

Jeder der zähen, kräftigen Träger schleppt eine Last von 30 Kilo. Dazu kommt die eigene Ausrüstung, eine Decke, Wasserbehälter und Reisrationen für mehrere Tage. Einige Trägerinnen haben oben auf den Lasten ihre Babys untergebracht. Lhasa-Apso-Hunde klettern neben ihren Herren den felsigen Pfad hinauf.

Die ersten Tage vergehen in angenehmer, ereignisloser Folge. Natürlich gibt es wunde Füße und Blasen, weil wir noch nicht abgehärtet sind. Je höher wir kommen, desto kühler wird es. Auch die Landschaft ist hier abwechslungsreicher: Terrassierte Hügel gehen ganz allmählich in zerklüftete alpine Hänge über. Wacklige Hängebrücken überspannen die Gebirgsbäche. Am Ende eines Tagesmarsches verblüffen wir die Einheimischen oft damit, dass wir in diesen Bächen schwimmen gehen.

Doch schon bald ereignet sich eine Reihe unheilvoller Zwischenfälle. Am zehnten Tag erreichen wir einen reißenden Fluss, den wir auf einer schmalen Kettenbrücke überqueren. Ich habe mich für Filmaufnahmen direkt unter die Brücke gestellt. Für eine Aufnahme aus diagonaler Perspektive gehe ich ein paar Schritte zur Seite. Diese wenigen Meter retten mir wahrscheinlich das Leben: Genau in diesem Augenblick gibt eine der Ketten nach. Elf schwer beladene Träger stürzten drei Meter tief hinab in Wasser und Felsen. Schnittwunden, Blutergüsse und eine Gehirnerschütterung müssen behandelt werden. Aber wie durch ein Wunder kommt niemand ums Leben.

Häufig begegnen wir auf unserem Weg Kranken, die um Hilfe bitten. Wir lassen sie nie im Stich. Am schlimmsten hat es eine Frau mit extremen Verbrennungen getroffen. Eine Lampe war explodiert und hatte ihr Gesicht und die

Das Mädchen wiegt etwa 50 Kilo. Es schleppt eine Last von 30 Kilo über eine Hängebrücke am Likhu Khola in der Nähe von Chyangma. Die instabile Konstruktion bricht später zusammen: Acht Träger werden verletzt.

«Sag' mal Aah!» Dr. Gilbert Roberts untersucht den Rachen eines Jungen. Im März hielt der Expeditionsarzt jeden Abend eine Sprechstunde für die Einheimischen und alle Träger ab.

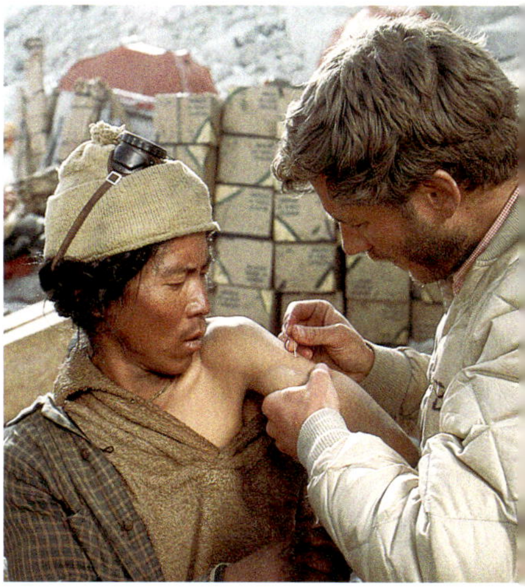

Einige Träger sind an Pocken erkrankt. Dr. David Dingman muss eine Pockenimpfung durchführen.

Die Besen, die dieser nepalesische Thamang transportiert, werden später gestohlen – sie kommen nie zum Einsatz.

Arme verkohlt. Unser Mediziner Gilbert Roberts kommt zu dem Ergebnis, dass die Frau ohne Behandlung in einem Krankenhaus sterben würde. Wir müssen sie nach Kathmandu schaffen, auch wenn ein Hubschrauber die Expedition 2 000 Dollar ihres knappen Budgets kostet. Al Auten, unser Fachmann für Telekommunikation, holt sofort die Funkausrüstung hervor. Bei Einbruch der Dunkelheit ist ein Teil des Trupps damit beschäftigt, den Funkmast aufzustellen und den Generator zu montieren. Unsere ausgezeichnete Funkausrüstung bietet die besten Kommunikationsmöglichkeiten, über die eine Expedition jemals verfügt hat. Trotzdem können wir unseren Kontaktmann in Kathmandu in diesem Moment nicht erreichen. Er erwartet jetzt noch keine Nachrichten von uns. Schließlich kann Al Kontakt zu einem australischen Amateurfunker in Melbourne aufnehmen und die Situation darstellen. Diesem gelingt es dann, über die Frequenz der diplomatischen Vertretung eine Nachricht nach Kathmandu abzusetzen. Unser Hilferuf wird an den einzigen Hubschrauber in ganz Nepal weitergegeben.

Die verletzte Frau wird ausgeflogen. Auf unserem Rückweg treffen wir sie wieder. Inzwischen ist sie genesen. Als Zeichen ihrer Dankbarkeit überreicht sie uns Eier und Bier.

Impfstoff verhindert Ausbruch der Pocken

Starker Regen und Schnee haben unseren Pfad in glitschigen Matsch verwandelt. Da trifft uns ein weiteres Unglück. Unter unseren Trägern brechen die Pocken aus.

Maynard Miller, unser Gletscherspezialist, beschreibt den ersten Kranken: «Ein vielleicht 14-jähriger Junge, das Gesicht zum Teil unter Sackleinen verborgen. Sein Mund war entsetzlich angeschwollen. Auf Wangen und Nase lag ein schmieriger Film.» Wieder funken wir eine Nachricht und bitten um Impfstoff, den wir auch erhalten. Unsere Befürchtungen, eine Epidemie könnte ausbrechen, bestätigen sich glücklicherweise nicht.

Mitte März haben wir eine Reihe von Lungen- und Blinddarmentzündungen zu überstehen. Dr. William Siri führt Tagebuch. Darin hält er fest, wie fast jeder von uns kämpft – mit «einer Reihe von Koordinationsstörungen, Magen-Darm-Beschwerden, Infektionen der Atemwege, die in der Medizin unbekannt und daher nicht behandelbar sind.» Ausgerechnet jetzt geht uns das Toilettenpapier aus. «Aber trotz der laufenden Nasen, schmerzenden Hälse und Eingeweide sind alle bester Laune. Wir wollen unbedingt weiter zum Everest.»

Bittere Kälte behindert die Arbeit

Schließlich lassen wir die Zivilisation hinter uns. Es geht hinauf in eine Welt von Eis und Schnee. Zunehmende Höhe und Kälte machen uns zu schaffen. Wir leiden unter Kopfschmerzen und Übelkeit. Nachts krümmen wir uns vor Husten in unseren Schlafsäcken. Nur durch Schlaftabletten finden wir etwas Ruhe. Doch selbst dann wachen wir immer wieder auf und ringen nach Luft.

Einen Monat nach unserer Abreise aus Kathmandu richten wir in 5 425 Metern Höhe auf dem Khumbu-Gletscher unser Basislager ein. Die Träger entladen unsere Kisten mit wissenschaftlicher Ausrüstung und hunderte von wasserdichten Kartons. Banale Gegenstände wie Topfreiniger und Butangaskocher sind ebenso wichtig wie Eispickel und Thermounterwäsche. Im Gepäck befinden sich außerdem 52 Zelte, 3 000 Meter Nylonseil und 216 Sauerstoffflaschen.

Die Temperaturen bewegen sich zwischen minus 12 und minus 27 Grad. Will schreibt auf: «Jede Tätigkeit ist ein mühseliger Kampf. Im Zelt ist alles festgefroren und muss vor Gebrauch aufgetaut werden – wie der Kugelschreiber, der nach jedem Satz über eine Kerze gehalten werden muss.» Trotzdem nehmen wir die wissenschaftliche Arbeit auf: Maynard Miller und Barry Prather beginnen, Löcher in den Gletscher zu bohren und Pfähle in den Boden zu rammen, um die Ablation und die Bewegung des Eises zu beobachten. An Drahtleitern hängen sie sich 24 Meter tief in Gletscherspalten und nehmen Fels- und Eisproben. Sie messen die Dicke *(Fortsetzung auf Seite 120)*

Hinter dem Höhenlager erheben sich Terrassen von zerklüftetem Eis. Das Lager im Western Cwm ist das Zentrum der Expedition. Als leitender Arzt ist Dr. Roberts verantwortlich für den Gesundheitszustand der Truppe. Er verbrachte ganze sechs Wochen in 6 509 Metern Höhe. Andere Expeditionsteilnehmer kehrten immer wieder zum Basislager zurück, um sich zu regenerieren.

Jake Breitenbach verlor sein Leben im Khumbu-Eisbruch, einer zähen Masse aus mahlendem Eis.

Der Khumbu-Gletscher stürzt aus dem Western Cwm über zweieinhalb Kilometer in Kaskaden hinab. Die ihn begrenzenden Felswände brechen das Eis in riesige Blöcke. Sie

schieben sich unerbittlich talwärts. Inmitten dieses eisigen Chaos wirken die Kletterer winzig und unbedeutend. Die Träger, die Nachschub aus dem Basislager bringen, müssen regelmäßig hier hindurch. Als eine Eiswand von der Größe zweier Güterwaggons losbricht und ihn unter sich begräbt, ist Breitenbach, ein Bergsteiger und -führer aus Wyoming, sofort tot.

Eine bekannte Route und eine glorreiche neue

Zu der Expedition gehören fast 1 000 Männer. Sechs von ihnen bezwingen den 8 848 Meter hohen Gipfel. Zwei weitere arbeiten sich zusammen über den bislang unberührten Westgrat und steigen auf der anderen Seite ab – die erste Traverse eines Hauptgipfels im Himalaja. Die anderen nehmen die Route über den South Col. Diesen Weg waren als Erste Hillary und Tensing gegangen.

Die Träger haben die Lasten durch das Tiefland transportiert und kehren zurück. Jetzt tragen Sherpas und amerikanische Bergsteiger Zubehör und Vorräte die gefährlichen Hänge hinauf. Der Transport erfolgt über ein Reihe von Lagern. Sie werden je einen Tagesmarsch voneinander entfernt errichtet. Von Camp VI aus kämpfen sich die Sherpas noch einmal bis auf 8 367 Meter vor. Sie sind mit Zelten, Schlafsäcken, Lebensmitteln, Gaskartuschen und Sauerstoffflaschen beladen. So ermöglichen sie die Gipfelangriffe. Die Route zum South Col und diejenige am Westgrat hinauf gabeln sich am Camp II, dem Höhenlager. Dieses Panorama schuf der österreichische Maler und Grafiker Heinrich C. Berann im Auftrag von NATIONAL GEOGRAPHIC. Er fertigte dazu von einem eigens zu diesem Zweck gecharterten Flugzeug aus eine detaillierte Skizze des Geländes an.

(Fortsetzung von Seite 114) des Eises mit einem Seismographen und einem höchst empfindlichen Gravitationsmesser. Alle drei Stunden werden auf drei verschiedenen Höhen Wetterdaten gesammelt.

Will Siri widmet sich seinen physiologischen Studien. Er lässt uns drei Minuten lang auf eine Kiste auf- und absteigen, um Veränderungen des Blutdrucks und der Atmung zu messen. In dieser Höhe ist das für uns eine wahre Tortur. Viele der zähen Sherpas dagegen geraten kaum außer Atem. Will nimmt auch mehrere Blut- und Urinproben, um festzustellen, wie unser Stoffwechsel auf den Stress reagiert.

Träume und Tagebücher

Der Psychologe James Lester plaudert ganz ungezwungen mit uns. Er erforscht unsere Gedanken, unsere Träume und Gefühle. Seltsamerweise träumen wir nicht von hohen Bergen und Gefahren, Eis oder Schnee. In unseren Träumen kommen viel häufiger Menschen und Orte aus der Vergangenheit vor.

Unser Soziologe Dick Emerson lässt uns Tagebuch führen. Er zeichnet auch unsere Gespräche und Auseinandersetzungen auf, um zu sehen, wie wir angesichts der wachsenden Belastung miteinander umgehen. Von unserer seelischen Verfassung legen die Tagebücher beredtes Zeugnis ab: «Fühle mich sehr traurig und einsam und vermisse Familie und Zuhause sehr.» «Total müde, alles geht so schleppend. Würde jetzt gerne irgendwo an einem Strand liegen, anstatt zu frieren und nach Luft zu schnappen.»

Aber unsere Vorbereitungen für den Gipfelsturm machen stetig Fortschritte. Im Lauf der Wochen transportieren wir Proviant und Zubehör zu den Lagern entlang unserer eisigen Route: den Western Cwm zwischen der Nuptse-Wand und der Westflanke des Everest hinauf, die Lhotse-Flanke hoch, von da zum South Col des Everest; und schließlich die Pyramide des Everest hinauf, bis auf 8 367 Meter.

Parallel dazu beginnen wir im April mit der Suche nach einer Route, die über den Westgrat zum Everest führt. Viele Bergsteiger halten das für unmöglich. Wir denken anders darüber. Den Westgrat zu bezwingen wäre eine der größten Sensationen in der Geschichte der Himalaja-Expeditionen.

Dick Pownall, Dave Dingman und die Sherpas Nima Tensing, Girmi Dorje, Chotari und Kalden setzen nun auf der Südsattel-Route ihre ganze Energie für die Unterstützung des Gipfelsturms ein. Unterdessen übernehmen Barry Corbet, Al Auten und Dick Emerson tapfer und unerschütterlich die harte, undankbare Arbeit des Lageraufbaus am Westgrat. Vollkommen uneigennützig nehmen diese Männer enorme Anstrengungen auf sich, damit andere zum Gipfel gelangen können.

Eine Tragödie lähmt das Camp

Unmittelbar hinter unserem Basislager befindet sich der heimtückischste Abschnitt unseres Aufstiegs. Dort kommt es zu einem tragischen Zwischenfall. Der Gletscherfluss stürzt hier etwa zweieinhalb Kilometer in einem mächtigen Katarakt 600 Meter in die Tiefe. Die chaotische Masse von zertrümmertem Eis sieht aus wie ein prähistorisches Monster, das unaufhörlich ächzt und sich bedrohlich vorwärts wälzt. In diesem Labyrinth von Gletscherspalten und Eisbrüchen haben wir mit Bedacht kein Lager errichtet. Das Risiko wäre zu hoch gewesen.

Am 23. März klettern zwei Seilschaften den Gletscherbruch hinauf. Dick Pownall, Ang Pema und Jake Breitenbach an dem einen, Gil Roberts und Ila Tsering am anderen Seil. Plötzlich stürzt eine riesige Eiswand mit gewaltigem Getöse auf die Männer hinab. Gil und Ila entkommen unverletzt, die anderen aber verschwinden unter Tonnen weißer Trümmer.

Nach zehn Minuten verzweifelten Hackens gelingt es uns, Dick zu bergen. Er läuft allmählich blau an, weil ein 500 Kilo schwerer Eisblock seine Brust zusammenpresst. Ein paar Minuten später wird Ang Pema befreit. Er hat böse Fleischwunden und eine Schädelfraktur davongetragen. Jake muss jedoch sofort tot gewesen sein. Er ist so tief unter den Massen begraben, dass wir auch mit größter Anstrengung nicht an ihn herankommen. Ein paar Männer kehren in der Nacht noch einmal zurück und suchen weiter nach ihm, aber ohne Erfolg. Vorübergehend sind alle wie erstarrt. An Aufgeben ist nicht zu denken.

Die letzte Ehre erweisen Big Jim und Gombu Jake Breitenbach ein paar Wochen später – als sie auf dem Gipfel des Everest die amerikanische Flagge hissen.

«Im Leben noch nie so müde gewesen.» James W. Whittaker und Nawang Gombu taumeln hinab ins Lager. Sie bringen uns die aufregende Nachricht, dass das Sternenbanner nun auf dem Gipfel des Everest weht. Riesige Mengen Limonade und Sauerstoff lassen sie wieder aufleben. Whittakers zerfurchtes Gesicht spiegelt die überstandenen Strapazen wider.

Es ist geradezu ein Wunder, dass sie den Berg an diesem 1. Mai bezwingen. Sir Edmund Hillary befindet sich zur gleichen Zeit auf einer Expedition in der Nähe. Aber wegen des starken Windes hat er beschlossen, an diesem Tag gar nicht zu klettern. Unsere Leute in den Camps weiter unten schätzen die Lage genauso ein.

Uns hier oben ist aber klar, dass bei einer weiteren Verzögerung die Vorräte nicht ausreichen werden und wir den Rückzug antreten müssten.

Deshalb brechen Big Jim und Gombu an jenem Morgen um 6:15 Uhr auf. Die Temperatur ist auf 29 Grad unter Null gesunken. Um sie herum wüten heftige Stürme mit 100 Stundenkilometern. Feiner Schnee wirbelt durch die Luft und füllt ihre Schutzbrillen. Der Wind zerrt an ihren 23 Kilo schweren Rucksäcken und droht sie von dem schmalen Grat zu fegen.

Fast sieben Stunden lang kämpfen sich die beiden Männer aufwärts. Langsam bahnen sie sich ihren Weg zwischen den brüchigen Felsen auf der einen Seite des Grats und den tückischen, windgepeitschten Schneewächten auf der anderen. Schließlich stehen sie auf dem Gipfel der Welt. Big Jim treibt einen 1,20 Meter langen Aluminiumpflock in den Boden. Daran befestigt er die amerikanische Flagge.

Beim Abstieg hätte sich ihr Triumph fast noch in eine Niederlage verwandelt. Kurz nachdem die beiden Männer den Gipfel wieder verlassen haben, tasten sie sich vorsichtig an einer schweren Schneewächte entlang. Big Jim berichtet später: «Gombu ging vor mir, etwa 18 Meter entfernt, am anderen Ende des Seils. Wir folgten den Spuren unserer Steigeisen. Plötzlich löste sich nur einen halben Meter vor mir ein großer Brocken – vielleicht 15 Tonnen schwer – und fiel mit Gombus Trittspuren darauf unter lautem Getöse zur linken Seite hinab. Da stand ich nun und blickte zwischen meinen Füßen hinunter ins 3 000 Meter tiefer gelegene Tibet.»

Doch der Berg wurde bezwungen. Big Jim hatte die Fahne so sicher aufgestellt, dass sie immer noch dort oben wehte, als Lute, Barry, Willi und Tom drei Wochen später hinaufkamen. Es ist so, wie es Big Jim zusammengefasst hat: «Der Mensch ist am besten, wenn er etwas anstrebt, das jenseits seiner Möglichkeiten liegt.»

«Wir wussten nicht, ob wir es geschafft hatten. Aber dann sahen wir das Sternenbanner auf dem Gipfel ...»

Wie wir den Everest bestiegen

TEXT UND FOTOS VON BARRY C. BISHOP

für NATIONAL GEOGRAPHIC

LUTE, ICH GLAUBE, ich werde wahnsinnig», sage ich mit zusammengebissenen Zähnen zu Luther Jerstad. Er liegt neben mir im Zweimannzelt. Seit Stunden kämpfe ich gegen die Klaustrophobie an. Wir sind allein in Camp VI in 8 360 Metern Höhe am Südostgrat des Everest. Ich will unbedingt aus dem vollgestellten Zelt ausbrechen. Aber ich muss mich zusammenreißen. Wie jeder Bergsteiger weiß, wirkt sich der Mangel an Sauerstoff seltsam auf Geist und Psyche aus. Die Luft ist dünn. Außerdem habe ich Antibiotika genommen. Das sind die Ursachen für meine Platzangst und den gestörten Gleichgewichtssinn. Denn der Boden unter mir ist völlig eben. Trotzdem erscheint mir meine Position unerträglich schief. Mir ist übel. Halb sitzend lege ich die Arme um mich. So kann ich mir das Gefühl für Gleichgewicht wenigstens einbilden.

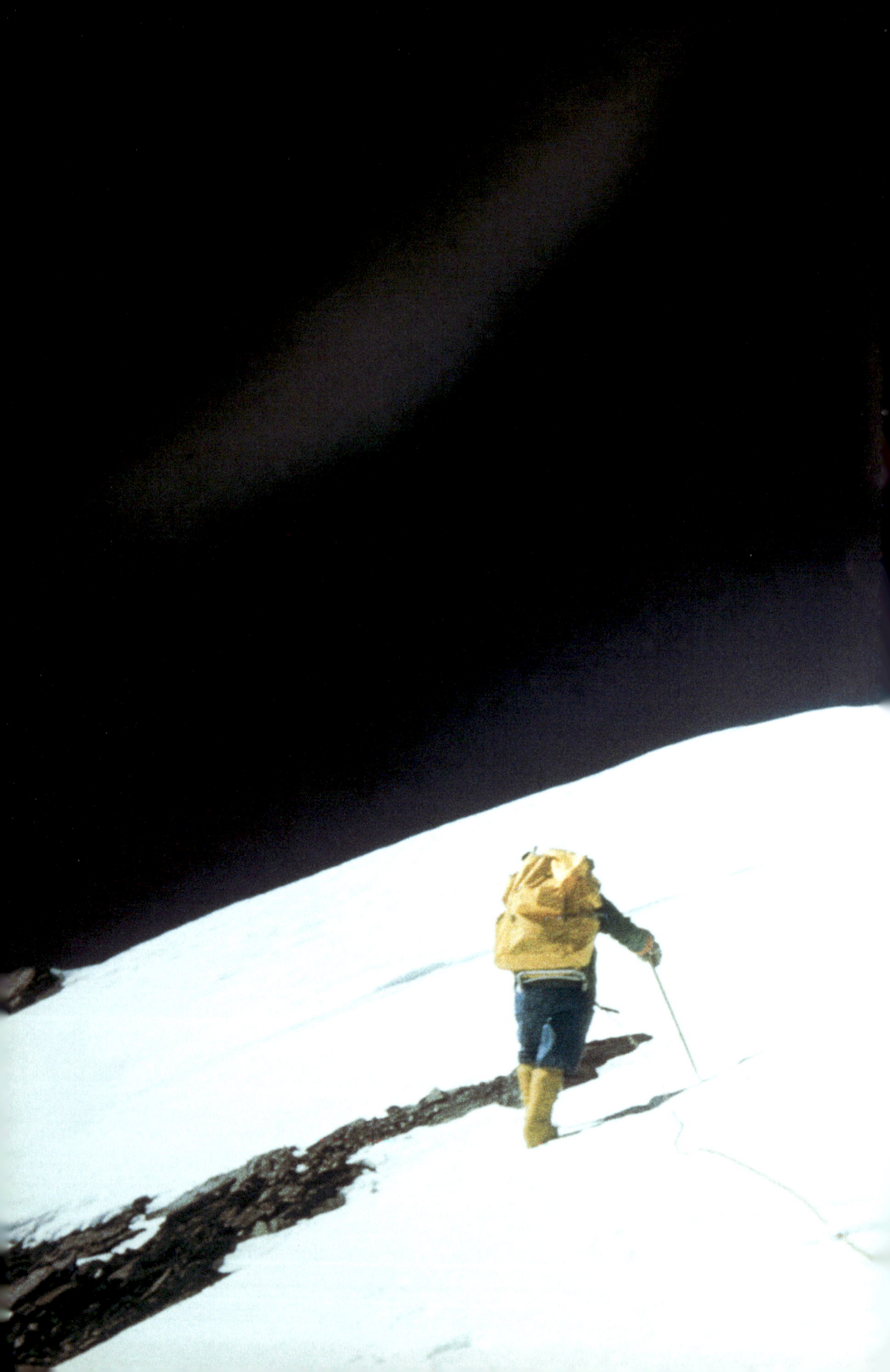

Das vom stürmischen Wind zerfranste Sternenbanner weht vom höchsten Punkt der Erde. Barry Bishop, von dem diese denkwürdige Aufnahme stammt, sagte zu sich: «Und wenn du auf Händen und Füßen kriechen musst, du wirst es dorthin schaffen.» Sein Gefährte Luther Jerstad wartete, bis er bei ihm war, dann kämpften sich die beiden Arm in Arm zum Gipfel des Everest.

Lute will es mir bequem machen – ohne Erfolg. Schließlich erhöhe ich die Sauerstoffzufuhr von einem auf zwei Liter pro Minute. Sauerstoff ist unser kostbarstes Gut. Unser Leben hängt davon ab und wir müssen sparsam damit umgehen. Ich entschuldige mich bei Lute.

Schneeverwehungen haben die Seiten des winzigen Zelts eingedrückt. Uns bleibt nur ein Drittel der Bodenfläche. Die ganze Ausrüstung ist im Zelt verstreut: Kleidung, Sauerstoffgeräte, Medikamente, Fotozubehör. In diesem Chaos versuchen wir zu schlafen. Draußen fegt ein scharfer Wind gegen den Bergkamm.

Beim Gipfelanstieg droht ein Desaster

Morgen ist unser großer Tag: der 22. Mai. Wir werden versuchen, den Gipfel zu erreichen. Dafür werden wir all unsere Kraft brauchen. Beide fragen wir uns, ob ich es in meinem Zustand schaffen kann. Aber wir sprechen lieber nicht darüber. Auf mein Drängen hin nimmt Lute eine Schlaftablette und rollt sich auf seine Zeltseite. Er schläft sehr unruhig. Für mich vergehen die Stunden unendlich langsam. Es ist wie in einem Albtraum. Dann zeigt der zusätzliche Sauerstoff seine Wirkung. Allmählich bekomme ich mich wieder unter Kontrolle. Ich schließe die Augen und schlafe.

Um fünf Uhr wache ich auf. Es geht mir wieder besser. Lute räumt schon im Zelt herum. Er taut Schnee auf, um auf zwei Gaskochern Suppe zu kochen. Das Atmen ist in dieser großen Höhe sehr schwer. Die Luftfeuchtigkeit ist extrem niedrig. Unter diesen Bedingungen verliert der Körper bedrohlich viel Flüssigkeit; manchmal bis zu einem Viertelliter in der Stunde.

Kurze Zeit darauf montiert Lute eine neue Gasflasche am Kocher. Plötzlich ertönt ein Fauchen. Orangerote Flammen bedecken die ganze Seite des Zeltes. Ich rieche, dass Lutes Bart brennt. Innerhalb von Sekunden verbrennt meine Plastikmaske. Meine Augenbrauen und ein Teil meines Bartes werden versengt. Schmutziger weißer Qualm erfüllt das Zelt. Wir geraten in Panik. Lute kämpft sich zum Zelteingang durch. Ich will die Flammen mit dem Schlafsack ersticken, aber meine Beine stecken noch darin. So habe ich nicht die nötige Kraft. Gierig verschlingt das Feuer den Sauerstoff im Zelt. Unsere Lungen schmerzen.

Lute zieht den Reißverschluss auf. Er macht buchstäblich einen Hechtsprung nach draußen. Beinahe stürzt er den Steilhang hinab. Ich springe hinterher. Schnell holen wir den brennenden Kocher aus dem Zelt und bedecken ihn mit Schnee. In der dünnen Luft ist das Feuer bald erloschen.

Halb erstickt sinken wir auf die Knie. Ein paar Minuten vergehen. Erst dann können wir wieder halbwegs normal atmen. Wortlos kriechen wir wieder ins Zelt. Wir haben den gleichen Gedanken: Das ist kein gutes Zeichen.

8 000 Meter über dem Meeresspiegel fällt jede Bewegung schwer. Man ist schnell erschöpft. Das Zelt ist völlig verqualmt. Wir quälen uns Schicht für Schicht in unsere Kleidung. Zuletzt ziehen wir Stiefel und Überstiefel an. Dann befestigen wir die Steigeisen und seilen uns an. Wir stopfen je zwei Sauerstoffflaschen in unsere Rucksäcke und bringen die Regler an. Schließlich setzen wir Helme und Masken auf. Wir atmen drei Liter Sauerstoff pro Minute. Vier Liter pro Minute gelten als die optimale Menge über 8 000 Meter. Aber so viel können wir uns jetzt nicht leisten, sonst ist eine Flasche in vier Stunden leer. Mit drei Litern reicht eine Flasche für fünf, mit zwei Litern für acht Stunden. Außerdem wiegt jede Flasche sechs Kilo – und jedes Kilo zählt.

Es ist schon nach acht Uhr. Wir sind zwei Stunden hinter dem Zeitplan zurück. Ohne Frühstück kämpfen wir uns aufwärts. In dieser Höhe muss man in einem monotonen Rhythmus gehen. Das Wetter ist fantastisch: windig, aber klar.

Wir folgen einer Empfehlung von Big Jim Whittaker und Nawang Gombu. Vor drei Wochen haben sie den Gipfel erreicht. Auf ihrer Route überqueren wir den Hang südlich des

Auf 7 380 Meter Höhe erkämpfen sich die Bergsteiger einen Weg zum wolkenverhangenen Westgrat. Niemand hatte ihn zuvor beschritten. William F. Unsoeld (**links**) und Dr. Thomas F. Hornbein erkunden die Route, die sie am 22. Mai zum Gipfel führte.

Luftblasen dienen als Sauerstoffreservoir zwischen Flasche und Maske. Für Bishop war es «ein Vergnügen, die Maske zu tragen. In dieser Höhe war sie ein Teil von mir.» Die gelbe Sauerstoffflasche ist an seinem Gepäck (**rechts im Bild**) befestigt. Um dieses Foto zu machen, hat er es abgelegt.

«Frühstücken, anziehen, Steigeisen anschnallen, das Gepäck aufladen: Diese Vorbereitungen kosteten uns morgens oft zwei Stunden», erinnert sich der Autor.

Aluminium-Leitern in Stücken von 1,80 Meter sind auf den Rücken der Träger festgeschnallt. Zusammengesteckt, führen sie zur Spitze der letzten Hauptwand (**rechts**). Sie versperrt den Weg vom Gletscherbruch zum Western Cwm.

Grats. Lute führt die Seilschaft an. Wir bahnen uns einen Weg 470 Meter weit durch brüchige Felstrümmer. Sie sind zum Teil mit Schnee und Eis überzogen. Dann wenden wir uns nach oben, einen langen Schneehang hinauf. Wir kommen nur langsam voran. Mir geht es wieder schlechter – ausgerechnet am Tag aller Tage!

Kurz vor elf Uhr erreichen wir den Scheitelpunkt des Südostgrats. Von hier aus sehen wir die Kangshung-Flanke. Sie fällt 3 000 Meter nach Tibet ab. Ich übernehme die Führung. Wir gehen weitere 300 Meter an der Messerschneide aus hartem Schnee entlang. Der Wind nimmt zu. Ich fühle mich wie ein Anfänger und kann kaum die Balance halten. Rechts fällt die Kangshung-Flanke jäh ab; zu meiner Linken, steile 800 Meter tiefer, liegt der South Col.

Schokolade sorgt für Auftrieb

Jetzt geht Lute wieder voraus. Direkt vor uns liegt das erste Ziel, der Südgipfel. Er ragt 150 Meter über uns auf. In zweieinhalb anstrengenden Stunden gewinnen wir nur 60 Höhenmeter. An einem Felssporn ruhen wir uns aus. Wir verzehren unseren Proviant für diesen Tag: einen viertel Schokoladenriegel.

Zehn Minuten später geht es weiter. Wir bewegen uns nun zentimeterweise entlang der Scheidelinie zwischen tiefem Schnee rechts und Felsvorsprüngen links. Der Abhang hat ein Gefälle von 40 bis 45 Grad. Wir halten uns an die Schneeseite. Nur wenn es schwierig wird, treten wir vorsichtig auf den blanken Fels.

Bei 8 700 Metern ist meine erste Sauerstoffflasche verbraucht. Auch Lutes ist beinahe leer. Also halten wir an, um die Flaschen auszutauschen. Die alten Flaschen werfen wir fort. Plötzlich trete ich auf eine der leeren Flaschen. Ich stürze ins Leere. Mit dem Gesicht nach unten schlage ich auf dem Hang auf. Mit den Händen kralle ich mich in den Schnee. Irgendwie komme ich zum Stillstand.

Ich öffne die Augen. Neben mir liegt Lute und hält mich fest. Er ist mir hinterhergesprungen, hat sich auf den Bauch gedreht und zugegriffen. Wir kriechen auf den Felsvorsprung zurück. Dort bleiben wir lange liegen. «Das hätte ins Auge gehen können», sagt Lute.

Wir klettern mit leichterem Gepäck weiter. Ich fühle mich ausgelaugt und abgestumpft. Ein Schritt ... sechs tiefe Atemzüge ... noch ein

Schritt … wieder sechs Atemzüge. Für jeden Schritt brauchen wir fast eine halbe Minute. Mein ganzer Körper schmerzt.

Wir laufen über harten Schnee. Lute hackt Stufen ins Eis. Langsam nähern wir uns dem Südgipfel, sehr langsam.

Aufwärts. Immer weiter, einen schmerzenden Fuß vor den anderen. Allmählich glaube ich, dass wir wirklich die ganze Strecke schaffen werden. Um zwei Uhr stehen wir tatsächlich in 8 760 Metern Höhe auf dem Südgipfel des Everest. Das ist unsere erste Zwischenstation. Der Wind schüttelt uns mit Böen von 100 bis 110 Stundenkilometern.

Richtung Südwesten kann ich unsere Route vom Dudh-Kosi-Tal bis hinauf zum Everest verfolgen. In 25 Kilometer Entfernung ist der Schrein des Klosters Thjangboche zu erkennen. Sein Metalldach reflektiert die Nachmittagssonne. Schon jetzt stehen wir an einem Punkt, der 150 Meter höher liegt als jeder andere Berg der Welt.

Der Sauerstoff wird knapp. Wir reduzieren die Zufuhr auf zwei Liter pro Minute. Das Gehen ist ohnehin eine Qual. Den Unterschied nehmen wir gar nicht mehr wahr.

Hillarys Foto hilft den Bergsteigern

Vom Südgipfel aus sehen wir uns die Route zum eigentlichen Gipfel an. Zerklüftet und schneebedeckt ragt er vor uns auf. Wir haben uns diesen Anblick bereits durch ein Foto von Sir Edmund Hillary eingeprägt.* Den Gipfel des Everest kennen wir so gut wie die Straße, in der wir wohnen. Nur erscheint er uns jetzt steiler, näher und bedrohlicher als auf dem Bild.

Bei unseren Gipfeltouren halten wir Bergsteiger uns alle für vollkommen klar im Kopf. Im Nachhinein ist es leicht zu rekonstruieren, wie wir uns am Berg verhalten haben. Erst dann merken wir, wie irrational unsere Aktionen teilweise waren. So blickt Lute plötzlich bestürzt auf eine zehn Meter hohe Steilwand mit Altschnee hinunter. Das ist unser Ausgangspunkt für den Nordgipfel. Aber er geht genau nach Westen einen kleinen Abhang hinunter. Später erklärt er es so: «Ich war erschrocken über diese Steilstufe und dachte: Das ist nicht der richtige Weg. Plötzlich stieg ich nach links ab. Ich weiß nicht warum. Ich ging 25 Meter weit den

*Siehe Seite 104

Die Bergsteiger klettern im Gletscherbruch auf und ab wie Jojos. Hier steigt Lute Jerstad in die blaue Unendlichkeit. Die Sherpas misstrauten den leichten Alu-Leitern und verstärkten sie mit Seilen und Zeltpflöcken.

Südgipfel hinunter. Wahrscheinlich glaubte ich, da unten Fußspuren zu erkennen. Bishop hielt mich für verrückt. Erst am Ende des Seils bemerkte ich meinen dummen Fehler.»

Mühsam kehrt er um und führt uns den Weg die grässliche Wand hinunter. Jetzt sind wir kurz vor dem Ziel. Wir bewegen uns schneller. Wunderschön ist, wie Lute den so genannten Hillary-Step passiert, eine aufsteigende Felsspalte: Auf halber Höhe klettert er hinaus und steigt über die linke Flanke auf.

Schließlich gelangen wir zum Schneegrat des höchsten Gipfels. Wir stapfen über harten, unebenen Schnee. Der scharfe Wind treibt uns immer wieder rechts gegen den Überhang der Schneewächte. Wir achten darauf, auf der linken Seite zu bleiben. Mit gesenktem Kopf schleppe ich mich vorwärts. Sieben keuchende

Atemzüge markieren nun jeden Schritt. Ich konzentriere mich auf meine Füße … heben … aufsetzen … heben … aufsetzen.

Das 25 Meter lange Seil verbindet mich mit Lute. Plötzlich erschlafft es. Ich schaue nach oben. Lute hebt seinen rechten Arm. Das bedeutet, dass er endlich den Gipfel gesichtet hat. Noch ein paar qualvolle Schritte. Dann sehe auch ich die amerikanische Flagge auf dem

Die Sherpas schlagen sich durchs Gebirge. Sie wirken wie Ameisen auf einer weißen Wand. Auf der Route zum Westgrat führt ein Fixseil die Männer um einen steilen, vereisten Hang. An diesem Tag errichtet die Expedition Camp III West. Dabei tragen Kletterer und Hilfsteams je 30 Kilo bis auf eine Höhe von 7 000 Metern. Ohne Atemgeräte steigen sie durch das Western Cwm zu den zerklüfteten Felswänden des Nuptse.

Mit gebrochenem Fuß sitzt der Gletscherforscher Maynard M. Miller vor seinem Zelt im Basislager „Noah Hill". Ein Felsbrocken ist auf seinen Fuß gestürzt. Miller bestimmt den Gehalt an Tritium, Blütenpollen, Staub, Salzen und Mikroorganismen in den Schneeproben vergangener Jahre. Als Hornbein und Unsoeld vom Westgrat zurück ins Lager kommen, brauchen sie dringend Flüssigkeit. Miller gibt ihnen eine kostbare Wasserprobe, die er aus dem zwölf Jahre alten Eis einer Gletscherspalte gewonnen hat.

Gipfel im Wind wehen. Dieser Anblick bewegt uns sehr. Nach der Expedition diktiert Lute einen Bericht. Darin beschreibt er diesen Moment lebhaft: «Was für ein fantastischer Anblick! Diese großartige Flagge. Ihre zerschlissenen Enden peitschten im Wind! Wir konnten Jims und Gombus Spuren vom Hillary-Step bis auf den Gipfel verfolgen. Sie waren immer noch da. Die Spuren gingen bis zur Schneewächte. Wo sie abfiel, wurden sie unterbrochen. Danach führten sie wieder weiter.»

Ich schließe zu Lute auf. Er holt das Seil ein. Arm in Arm steigen wir die letzten Meter zum Gipfel. Wir sind todmüde, unsere Lungen pumpen wild nach Luft. Denken ist eine Qual. Aber wenn es sein müsste, würden wir zu dieser Flagge auch kriechen.

Dann endlich erreichen wir den Gipfel. Wir lassen uns in den Schnee fallen – und weinen hemmungslos. Vor Freude, dass wir den mächtigsten Berg erklommen haben. Und aus Erleichterung, dass die Qualen des Aufstiegs vorüber sind.

Es ist 15.30 Uhr. Wir sitzen auf der Spitze des höchsten Bergs der Welt. Der Wind peitscht und zerrt an uns. Wir drehen den Sauerstoff ab und machen uns an die Arbeit. Lute schlägt seinen Eispickel in den harten Schnee. Daran befestigt er eine Filmkamera. Er dreht die allerersten Filme vom Dach der Welt. Der Pickel bebt im Wind. Lute trägt Seidenhandschuhe. Seine Finger beginnen zu erfrieren, als er die Metallkurbel der Kamera dreht. Ich mache Standfotos. Die Bewegungen sind in 8 848 Metern Höhe sehr verlangsamt. Wir brauchen zu viel Zeit für die Aufnahmen. Auch ich habe schlimme Erfrierungen an den Fingern.

Der Ausblick ist überwältigend. Im Norden erstrecken sich die braunen, sanft geschwungenen Hügel des tibetischen Hochplateaus. Sie sind gekrönt von Gebirgsketten mit schneebedeckten Gipfeln. Wolken verhüllen 3 000 Meter tiefer den Osten. Doch darüber sehen wir in der Ferne das Kangchenjunga-Massiv. Südlich liegt Indien unter einer dicken Wolkendecke. Vor zwei Jahren habe ich den 6 856 Meter hohen Gipfel des Ama Dablam bestiegen. Von hier aus erscheint er unbedeutend.

Einen Moment lang denke ich an die Pioniere, die ein, zwei Generationen vor uns die Gipfel des Himalaja bestiegen haben. Sie haben diese Höhen ohne Sauerstoff erreicht – oder immerhin fast erreicht. Sie hatten keine komplizierte Ausrüstung. Heute erscheint sie uns unentbehrlich. Ich sehe sie vor meinem inneren Auge: Mallory, Irvine und die anderen, die so tapfer auf diesen Hängen kämpften. In ihren Wickelgamaschen und Filzhüten kletterten sie in der dünnen Luft beharrlich voran.

Eine Dreiviertelstunde bleiben wir auf dem Gipfel – aus Respekt vor dem starken Wind. Fast werden wir den Berg hinab geweht.

Aufbruch zum Gipfel: Am 27. April verabschiedet sich das erste Team aus dem Höhenlager. Vier Tage danach pflanzt Whittaker seine Flagge auf den Gipfel der Welt. Ein Seil verbindet ihn mit seinem Partner Gombu. Der Sherpa unterrichtet am Himalaja-Bergsteigerinstitut im indischen Darjeeling.

Ein Rabe hüpft im Höhenlager umher. Selbst im ewigen Eis führt ein halbes Dutzend dieser zähen Vögel ein gutes Leben. In der Nähe gibt es eine Müllhalde. Die Sherpas nennen den *Corvus corax tibetanus* Gorak. Er ist nicht bei allen im Camp beliebt – manche empfinden ihn als gemein, hässlich und gespenstisch.

Diese gewellten Kalksteinschichten befinden sich unterhalb des zackigen Grats zwischen Lhotse und Nuptse. Sie bilden das berühmte Gelbe Band. Die angeseilten Bergsteiger kämpfen sich die Lhotse-Flanke hinauf. Sie sind mit Vorräten und Gerät für Camp V am South Col beladen.

Gebannt starren wir den grimmigen Westgrat hinunter. Wir hoffen auf ein Zeichen von William Unsoeld und Tom Hornbein. Unsere Kameraden haben den Gipfelsturm über diese bislang nie genutzte Route geplant. Doch wir sehen nichts. Der Grat ist leer.

Lute will Fotos von seiner Familie am Gipfel lassen. Doch er vergisst es. Auch die Bibel seiner Eltern wollte er auf dem Gipfel aufstellen. Nun beschließt er, es sei zu schade, um sie an diesem einsamen Ort zurückzulassen.

Gegen 16.15 Uhr beginnen wir den Abstieg. Der letzte Sauerstoff strömt zischend in unsere Masken. Wir erlauben uns nur noch einen Liter pro Minute. Der Wind bläst nach wie vor heftig. Er dehnt das Seil zwischen uns zu einem straffen Halbmond. Es wölbt sich über dem Abgrund jenseits des Gipfelgrats.

Lute geht voran. Wir überqueren einen Abschnitt des Grats mit Schneewächten. Lute verschwindet hinter einer Biegung im gewellten Schnee. Da verfängt sich das Seil am Rand der Schneewächte. Es schneidet eine Furche und hakt sich am Rand fest. Gefahr!

Ich schreie gegen die über 100 Stundenkilometer schnellen Windböen an. Lute hört nichts. Das widerspenstige Seil zieht mich unerbittlich zum Rand. Ich tauche in den Schnee und krabble aus der Schneewächte heraus. Dabei versuche ich, das Seil freizubekommen. Mein Gesicht ist direkt über dem Schnee. Ich bin zu schwer; ein Teil der Wächte unter meiner Brust gibt nach. Plötzlich habe ich einen haarsträubenden Ausblick auf Tibets Kangshung-Gletscher 3 000 Meter unter mir.

Lute geht immer weiter. Dadurch schneidet das Seil immer tiefer in den Schnee. An der Taille bin ich durch einen Knoten gesichert. Ich löse ihn. Schnellt schießt das Seil in die weiße Unendlichkeit. Dann gehe ich parallel zur Route weiter. Ich warte, bis das Ende des Seils wie eine gefrorene Schlange aus der Wehe herausgleitet. Dann binde ich es wieder an meiner Taille fest. Es ist keine Minute vergangen. Erst in Kathmandu erzähle ich Lute von diesem kritischen Moment.

Mit knapper Not bewältigen wir die Stufen. Am Fuß der letzten lassen wir uns beide auf den

Windböen von 160 Stundenkilometern drohen Camp IV West wegzublasen. Zwei aneinander gekoppelte Zelte mit sechs Männern darin sind schon den Hang hinuntergeweht worden. Hier fahnden Dr. Hornbein (**links**), Allan C. Auten und James Barry Corbet verzweifelt nach einem verlorenen Eispickel. Sie brauchen ihn dringend, um sich in Sicherheit zu bringen. Heftiger Wind hebt Corbet vom Boden. Die Männer halten sich, indem sie auf dem Boden knien und ihre Eispickel in den Schnee rammen.

Die höchste Müllhalde der Welt: Gebrauchte Sauerstoffflaschen und andere Ausrüstungsgegenstände früherer Expeditionen liegen auf dem South Col in 8 000 Metern Höhe. Beim Stöbern fanden sich auch zwei volle Flaschen.

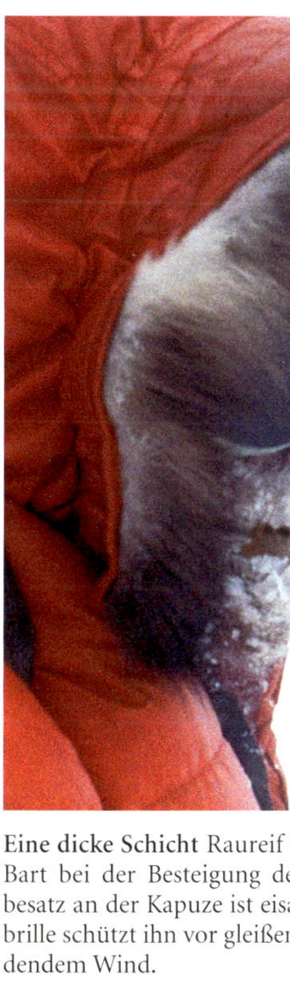

Eine dicke Schicht Raureif bedeckt Willi Unsoelds Bart bei der Besteigung des Westgrats. Der Fellbesatz an der Kapuze ist eisabweisend. Die Schneebrille schützt ihn vor gleißender Sonne und schneidendem Wind.

Fels fallen. Wir brauchen eine Atempause. Beim Weitergehen merke ich, dass Lute taumelt. Er bleibt stehen und prüft sein Sauerstoffgerät. Ein Faden hat die Luftblase verstopft. Es ist überhaupt kein Sauerstoff in seine Maske gelangt. Großzügig teilen wir uns zwei Liter pro Minute zu. Jetzt müssen wir die Steilstufe wieder hinaufsteigen, die zum Südgipfel führt. Wir danken Gott, dass es der letzte Aufstieg für heute ist.

Schaurige Stimmen von oben

Vorsichtig tasten wir uns auf dem steilen Südosthang abwärts. Mit gedrosselter Sauerstoffzufuhr fühlen wir uns wie betäubt vor Erschöpfung. Wir stolpern und fallen. Aber wir bewegen uns stetig abwärts.

Rasch bricht die Dämmerung herein. Bald wird uns die tintenblaue Himalaja-Nacht einschließen. Vorher müssen wir das relativ sichere Camp VI erreichen. Schon tagsüber ist es schwierig, die Ansammlung winziger Zelte auszumachen.

19.30 Uhr: Matt reflektiert der Schnee das letzte Licht. Der Himmel ist kalt, mondlos und schwarz.

Ich bleibe abrupt stehen. Ist das der Wind? «Hallooooo! Hallooooo! Hallooooo!» Von irgendwoher schallt der Ton gegen den Berg, unheimlich in der undurchdringlichen Finsternis. Auch Lute hält an. «Hallooooo! Hallooooo! Hallooooo!» Auf dem Everest spricht der Wind mit vielerlei Stimmen. Er steigert sich, lässt nach, donnert. Manchmal klingt es wie der ferne nächtliche Ruf eines kranken Kindes. Aber es ist immer der Wind.

Wir hören ein drittes «Hallooooo!». Es stammt unmissverständlich von einem Menschen. Suchen vielleicht Dave Dingman und Girmi Dorje von unserem Versorgungsteam nach uns? Der Wind lässt nach. In der plötzlichen Stille sind die Rufe glockenklar. Sie kommen von oben! Lute und ich sehen uns erfreut an. William Unsoeld und Tom Hornbein! Sie haben es bis zum Westgrat und zum Gipfel geschafft! Wir brüllen «Hallo, Hallo!».

Dann folgt ein seltsamer, vom Wind immer wieder unterbrochener Dialog. Willi und Tom sind noch 120 Meter über uns. Sie steigen vom Südgipfel ab. Mal verschluckt der Wind unsere lautesten Rufe, mal hören wir die beiden deutlich im Plauderton miteinander sprechen.

Plötzlich rufen unsere Mitstreiter, sie seien gerade in eine kleine Gletscherspalte gefallen.

Leere Lebensmittelkartons wehen verloren die Gletscher des Lhotse hinab. Von Camp IV aus erblickt das erste Gipfelteam im Western Cwm das Höhenlager (**blauer Kreis**). Es liegt 1 100 Meter tiefer als Camp IV. Nicht zu sehen ist Camp III. Es ist hinter vereisten Felsen verborgen. Der 7 145 Meter hohe Pumori ragt wie eine Pyramide aus den Wolken. Rechts fällt die eisige Westschulter des Everest ins Tal ab.

«Das ist sie», antworten wir. «Ihr seid auf unserer Route.» Wir waren in dieselbe Spalte gefallen. Durch Zuruf leiten wir die beiden nach unten. Es dauert zwei Stunden. Unsere Kräfte schwinden. Meine Füße waren die ganze Zeit über warm. Jetzt beginnen sie zu erfrieren. Ich stampfe schwerfällig in den Schnee. Es hilft nicht. Der Schmerz in meinen Zehen verstärkt sich. Er wird unerträglich. Dann setzt barmherzige Gefühllosigkeit ein. Das ist der typische Verlauf einer Erfrierung.

Die Dunkelheit verschluckt den gesamten Mount Everest. Um 21.30 Uhr sind schemenhaft zwei Gestalten zu erkennen. Lute kann den ersten Kletterer selbst durch Berührung nicht identifizieren. «Wer bist du?», fragt er. «Tom!», lautet die Antwort. Dann erreicht uns auch Willi Unsoeld. Er lässt sich müde in den Schnee fallen. Wir sind glücklich, dass wir uns gefunden haben. Aber wir müssen uns beeilen. Die Lage ist prekär. Die Sauerstoffvorräte sind fast erschöpft. Und Toms verlöschende Taschen-

Sherpas arbeiten sich einen Abhang mit 45 Grad Steigung hinauf. Sie bringen Vorräte zu Camp V West auf 8 300 Metern. Von Camp IV West verläuft der Großteil der Route durch diese abschüssige Rinne. Die Sherpas leisten hervorragende Arbeit. 19 von ihnen klettern auf 8 200 Meter und höher.

lampe ist unsere einzige Lichtquelle. Für den Abstieg schließen wir uns zusammen.

Wir tasten uns die messerscharfen Schneegrate hinab. Vor elf Stunden sind Lute und ich hier aufgestiegen. Zwar fallen wir alle häufig hin. Aber wunderbarerweise passiert kein ernster Unfall. Willi spornt mich an, weiter zu kämpfen. «Noch 20 Meter … nur noch 20 Meter weiter!» So überredet er mich, immer weiterzuschwanken, bis wir 30 … 70 … 90 Meter zurückgelegt haben.

Um Mitternacht befinden wir uns unterhalb der Messerschneide. Ab hier wird die Route komplizierter. Hunderte Meter Schnee und Felsüberhänge liegen noch vor uns. Eine scharfe Abzweigung führt zu Camp VI. Die werden wir bei dieser Dunkelheit kaum erkennen. Deshalb beschließen wir, bis Sonnenaufgang ein Biwak aufzuschlagen. Es ist 0.30 Uhr.

Müde werfen wir uns an einem schräg abfallenden Felsvorsprung zu Boden. Unser Platz liegt fast 600 Meter über dem bis dahin höchsten Biwak der Geschichte.

Meine Füße sind vollkommen gefühllos. Auch die Fingerspitzen werden bald taub sein. So gut es geht, rollen wir uns in unseren Daunenjacken zusammen. Lute kann nicht einmal seine Jacke schließen. Seine Finger sind erfroren.

Für die nächsten fünfeinhalb Stunden sind wir an diesen Felsen gekettet. Willi und Tom liegen an einer Stelle, an der sie sich ein bisschen bewegen können. Tom kämpft sich aus den Steigeisen. Willi zieht Tom Überstiefel, Stiefel und Socken aus. Selbstlos wärmt er Toms Füße, er reibt sie an seinem eigenen Bauch.

Vollkommen benommen liege ich auf dem Rücken. Meine Füße strecke ich aus wie Antennen. Ich versuche, meine Zehen zu bewegen, aber ich fühle nichts. Es ist hoffnungslos. Schließlich gebe ich es auf und falle in einen unruhigen Schlaf. Als Lute mit seinen Steigeisen an meinen Schenkel stößt, wache ich plötzlich auf.

In unseren Flaschen ist schon lange kein Sauerstoff mehr. Bei 28 Grad unter Null liege ich in unserem eingefrorenen Biwak. Ich denke an Nächte, die ich in meinem warmen Schlafsack im Basislager verbracht habe. Ich erinnere mich, wie der Wind 3 000 Meter über mir wie eine mächtige Orgel in den Graten der Gipfelpyramide pfiff. Genau da bin ich jetzt. Wie durch ein Wunder hat der Everest – für diese eine Schicksalsnacht – seine rasenden Stürme eingestellt.

Heftiger Wind führt fast zur Erblindung

In dieser Nacht sehne ich mich nach Sauerstoff. Meine Atemzüge sind tief, schnell und schmerzhaft. Lutes Augen tun weh. Der Wind hat kleine Blutungen verursacht; er kann kaum noch sehen. Mit meinem linken Auge habe ich ähnliche Probleme. Deshalb sehe ich mich in den geisterhaften Morgenstunden vorsichtig mit dem rechten um. Über den weit entfernten Ebenen Indiens ätzt Wetterleuchten gezackte Muster in den Himmel. Ganz in der Nähe steht die felsige Masse des Lhotse unsichtbar in der Dunkelheit.

Gegen vier Uhr nehmen die umliegenden Gipfel allmählich Gestalt an. Graue Dämmerung verdrängt die Nacht. Als die Sonne aufgeht, wird der Himmel golden. Dann mischt sich Rosa in das Gold. Volles strahlendes Licht ergießt sich über die Berge. Die Sonne ist da. Steif, aber ausgeruht gönnen wir uns den Luxus zu warten, bis die Sonne auf unseren felsigen Hochsitz scheint. Die Morgenröte wärmt uns. Sie erfüllt uns mit neuem Mut. Wir beginnen unseren Abstieg. Willi und Tom klettern voran, Lute und ich folgen in einigem Abstand. Sie nutzen unsere Spuren vom Vortag. Bald geht es gut voran. Ich schimpfe mit mir, weil ich wieder stolpere. Lute bemüht sich, mich aufrecht zu halten. Ihm verdanke ich es, dass keiner meiner Ausrutscher ernsthafte Folgen hat.

Mehr nach Gefühl als nach Sicht taumeln wir den Berg hinab. Lute sieht auf keinem Auge scharf; ich nur auf dem rechten. Trotzdem finden wir die Stelle auf dem Schneehang, an der wir uns nach Westen wenden müssen. Von hier aus führt der Weg quer über den Südostgrat zum Lager.

Lute sichert mich an einer Felsecke. Da erlebe ich einen glücklichen Augenblick: Zwei Gestalten kämpfen sich zu uns herauf – Dave Dingman und Girmi Dorje. Sie sind mit Sauerstoffflaschen beladen. Noch kann Lute sie nicht sehen. Ich drehe mich zu ihm um und frage: «Willst du etwas Sauerstoff?» Er denkt, dass ich nun endgültig den Verstand verloren habe. Er sieht mich einfach nur an. Dann erkläre ich ihm: «Dave ist da.» Bald erreichen unsere Gefährten uns. Sofort schließen wir den Sauerstoff an und stellen zwei Liter ein. Kurz darauf erwachen unsere Lebensgeister. Wir können wieder klar denken.

Auf der Suche nach uns sind Dave und Girmi nachts bis auf 8 400 Meter geklettert. Girmi beschloss, keinen Sauerstoff zu benutzen, um das kostbare Gut für uns aufzusparen. Auf dieser Höhe ist das ein enormes Opfer. Dave und Girmi wollten an diesem Tag eigentlich auf den Gipfel. Ohne Zögern haben sie ihre Gelegenheit verstreichen lassen, um nach uns zu suchen. Endlich kommen wir in Camp VI an. Dort ruhen wir uns aus. Nima und Girmi Dorje schmelzen Eis für Trinkwasser. Wir haben unstillbaren Durst. Kaffee, Limonade, Tee, heiße Schokolade, Suppe – wir trinken alles, so schnell die Sherpas es zubereiten können.

Nun beginnt der schwierige Abstieg. Um 10.00 Uhr brechen wir zum Camp V am South Col auf. Dort begrüßt uns Pemba Tensing. Wieder trinken wir viel. Weiter geht es über das Gelbe Band in Richtung Camp IV. Unterwegs setzen wir unser Funkgerät in Gang. Willi hat schon vom Gipfel gefunkt. Nun erfahren unsere Kameraden, dass wir alle vier erfolgreich waren – und dass wir alle am Leben sind.

Mit der Zeit gleicht der Abstieg einem Picknick. Wir sind total erschöpft und geschwächt. Aber der Erfolg macht uns euphorisch. In Camp IV untersuche ich zum ersten Mal meine erfrorenen Füße. Die Zehen sind weiß und hart. Sie fühlen sich eisig an.

In 20 Kilometer Entfernung hebt sich der Makalu vom Horizont ab. Er ist genauso scharf zu sehen wie der Felsen im Vordergrund. Die Sherpas haben Sauerstoffflaschen in Camp VI abgeliefert. Danach haben sie sich verabschiedet und steigen nun zum Südsattel ab. Lute Jerstad und Barry Bishop bleiben allein auf dem Südostgrat. Am folgenden Tag gehen sie den Gipfel 490 Meter über ihnen an. Der Lhotse liegt in tiefem Schatten.

Jerstad keucht in der dünnen, rauen Luft. Er richtet Camp VI her. Zusammen mit Bishop brauchte er Stunden, um die Zelte aus dem Schnee auszugraben. Um Sauerstoff zu sparen, trugen sie dabei keine Masken. Nur im Schlaf atmeten sie das Gas. Kurz nachdem sie den Gipfel verlassen hatten, war der Vorrat aufgebraucht.

Noch einen Tag vom Gipfel entfernt: Jerstad erreicht Camp VI. Nach jedem kleinen Schritt hält er an, um mehrmals tief durchzuatmen. Durch das Seil ist er mit Bishop verbunden. Das Camp besteht aus zwei kleinen, halb im Schnee begrabenen Draw-Tite-Zelten.

Auf dem Weg zu Camp II beginnen unsere Füße aufzutauen. Der Schmerz zuckt durch die Fersen. Das Gehen ist eine Qual. Die Schritte werden immer langsamer. Erst um 22.30 Uhr wanken wir ins Camp II.

Am Morgen des 24. Mai ziehen wir weiter hinab ins Basislager. Auf dem Gletscherbruch ist das Eis an einer entscheidenden Stelle eingebrochen. Die Sherpas haben aber schon eine Seilbrücke gebaut. Wir schlingen die Beine um ein Seil. Wie Affen hängen wir daran. Dann gleiten wir 45 Meter schräg hinab zum unteren Ende der Bruchstelle.

In der Abenddämmerung sind wir alle wieder im Basislager. Es herrscht Party-Stimmung. Wir sind aufgekratzt und machen Witze. Auf eine seltsame Art sind wir aber auch traurig. Unser großes Abenteuer geht zu Ende.

Dave Dingman, einer der Ärzte, untersucht unsere Füße. Der Expeditionsleiter versucht per Funk einen Hubschrauber aus Kathmandu zu bekommen. Willi und ich sollen ausgeflogen werden.

Beim letzten Funkkontakt der Expedition zur Außenwelt erfahren wir, dass der Hubschrauber tatsächlich kommen soll.

Willi, Lute und ich reisen den ersten Teil der Strecke auf dem Rücken von Sherpas weiter. Sie sind immer zu viert. Abwechselnd tragen sie einen von uns. Willis und meine Träger liefern sich Duelle. Jeder geeignete Streckenabschnitt gibt Anlass zu einem Wettrennen.

Wir kommen schnell voran. Am nächsten Tag passieren wir Pangboche und Thjangboche. Um fünf Uhr abends sind wir bereits in Namche Basar. Der Hubschrauber soll erst morgen oder übermorgen ankommen. Er wird Willi und mich mitnehmen; Lute wird in einigen Tagen wieder laufen können.

Am folgenden Tag erwache ich um sechs Uhr. Der Himmel ist bewölkt. Also wird der Hubschrauber nicht kommen. Ich schließe die Augen und schlafe wieder ein. 25 Minuten später reißen mich knatternde Rotorblätter rüde aus dem Schlaf. Der Helikopter ist trotz des Wetters gekommen. Fast tut es mir Leid. Die

Expedition löst sich auf. Nie wieder werden wir alle gemeinsam auf dem Berg sein.

Willi und ich gehen an Bord, und um 9.15 Uhr brummt der Helikopter über den glänzenden Pagodendächern und alten Palästen Kathmandus. Unser Pilot lenkt den Hubschrauber hinab auf ein *(Fortsetzung auf Seite 153)*

Aus 8000 Metern Höhe hat man einen spektakulären Blick auf vier verschiedene Länder. Der Makalu beherrscht die Szene. Er wird von seinem Nebengipfel Makalu II flankiert. Links sieht man über den 7790 Meter hohen Chomolonzo in Tibet das Kangchenjunga-Massiv. Dieses bildet die Grenze zwischen Nepal und Sikkim. Im Hintergrund (**rechts**) sind die heißen, trockenen Ebenen Indiens undeutlich zwischen den Wolken zu erkennen.

Vom höchsten Punkt der Erde aus sieht man das Kangchenjunga-Massiv (**links**) in der Ferne. Daneben ragt der Makalu aus den Wolken. Als dunkle Masse erscheint rechts der Lhotse. Dieses Panorama besteht aus zwei Bildern. Jerstad und Bishop hielten sich 45 Minuten lang auf dem Gipfel auf. Dabei entstanden auch diese Fotos.

Mit dem Eispickel als Stativ dreht Jerstad den weltweit ersten Film vom Gipfel des Everest.

Sie sind die Ersten, die das Sternenbanner auf dem Gipfel hissen: Whittaker und Nawang Gombu halten ihre Eispickel hoch. Daran haben sie die Flaggen der USA, Nepals, des Himalaja-Bergsteigerinstituts und der National Geographic Society befestigt.

Über dem Schneehügel auf der Spitze des Everest entrollt William Unsoeld ein Banner. Es ist vom Bergsteigerclub der Universität des Staates Oregon.

Hornbein erreicht den Gipfel über den Westgrat. Er und Unsoeld sind die ersten Menschen, denen das gelang.

Bishop hat sich so hingesetzt, dass die stürmischen Windböen ihn nicht umwerfen. Stolz präsentiert er die Flagge der National Geographic Society.

Die sanft geschwungenen Hügel Tibets erstrecken sich bis zum Horizont. Vom Gipfel des Everest aus blickt man auf den westlichen Rongbuk-Gletscher links. Er geht über in den Haupt-Rongbuk-Gletscher. 30 Meter hohe Eisspitzen durchbrechen die Oberfläche dieses Gletschers.

Ein Sherpa trägt Barry Bishop auf dem Rücken ins Tal. Wegen der starken Erfrierungen kann der Bergsteiger nicht laufen. Ein Hubschrauber kommt nicht bis auf diese Höhe. Deshalb trägt der Sherpa ihn mithilfe eines Stirnriemens und eines trapezähnlichen Sitzes. Sein breites Lachen zeigt, wie stolz er ist, 90 Kilo zu schultern. Er schreitet 400 Meter zügig voran. Dann setzt er seine Last ab und übergibt sie dem nächsten Träger. Andere Sherpas tragen Willi Unsoeld. Auch er hat Erfrierungen. Manchmal machen sie ein kleines Wettrennen, und Bishop und Unsoeld scherzen trotz ihrer Schmerzen miteinander. Acht Träger benötigten nur zwei Tage, um den 32 Kilometer langen Marsch vom Basislager nach Namche Basar zu bewältigen. Normalerweise sind dafür drei Tage nötig.

Die erfrorenen schwarzen Finger- und Zehenspitzen des Autors deuten auf Wundbrand oder totes Gewebe hin. Dr. Eldred D. Mundth vom Medizinischen Forschungsinstitut der Marine in Bethesda ist extra aus Maryland nach Kathmandu gekommen. Sie injiziert den Männern ein bewährtes Medikament, das die Durchblutung von verletztem Gewebe verbessert. Dennoch verlieren Bishop und Unsoeld einige Zehen. Bishop büßt außerdem Teile von beiden kleinen Fingern ein.

Ein Hubschrauber setzt die verletzten Bergsteiger in Kathmandu ab. Unsoeld (mit Hut) und Bishop werden von ihren Frauen herzlich empfangen. Dr. Robert Berry (im weißen Kittel) behandelt sie im United Mission Hospital.

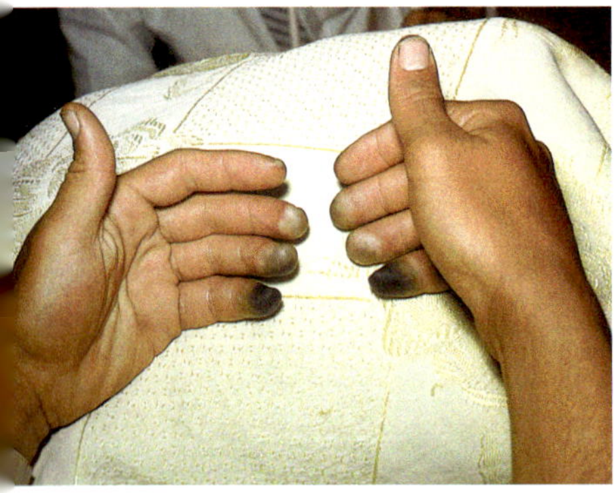

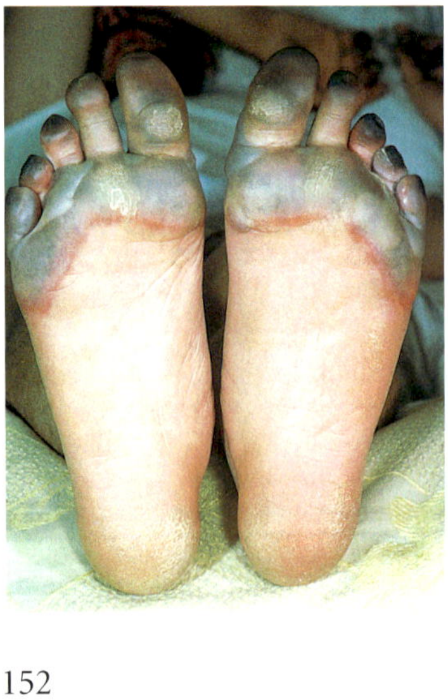

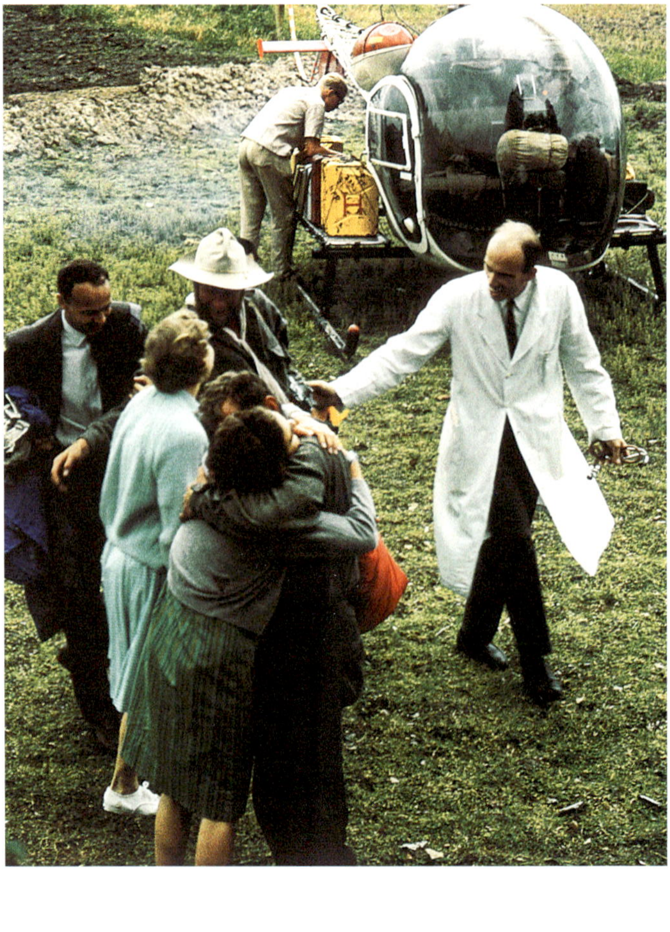

Erschöpft, aber glücklich versammeln sich die Expeditionsteilnehmer in Namche Basar zum Gruppenfoto. Die vier Männer vorn sind Dr. William Siri (mit grauer Mütze), stellvertretender Teamleiter und wissenschaftlicher Koordinator; Norman G. Dyhrenfurth, Expeditionsleiter und Filmproduzent; Barry W. Prather, Glaziologe, und der Sherpa Nawang Gombu. In der Mitte: Dr. David I. Dingman, Arzt; Barry C. Bishop; Dr. William F. Unsoeld; Dr. Thomas F. Hornbein, Sauerstoffspezialist; Luther G. Jerstad; Richard Pownall, verantwortlich für Verpflegung. Hinten: Oberstleutnant James O. M. Roberts, verantwortlich für Transport; Dr. Gilbert Roberts, leitender Arzt; Dr. Maynard M. Miller, Glaziologe; James W. Whittaker, verantwortlich für die Ausrüstung; Dr. James T. Lester Jr., Psychologe; Allan C. Auten, verantwortlich für die Kommunikation; zwei Sherpa-Träger; Knut A. Solbakken, Hubschrauberpilot; Dr. Richard M. Emerson, Soziologe; James Barry Corbet und Daniel E. Doody, Kameramann. Abwesend: James R. Ullmann, Historiker, musste wegen Krankheit in Kathmandu bleiben.

(Fortsetzung von Seite 147) Reisfeld nahe des United Mission Hospital in Shanta Bhawan. Aus unzähligen Freunden, Gratulanten und Nachrichtenteams lösen sich zwei schlanke hübsche Frauen. Sie laufen uns geradewegs in die Arme. Es sind meine Frau Lila und Willis Frau Jolene.

Unsere Zehen sind inzwischen schwarz. Im Krankenhaus werden sie gesäubert und gepflegt. Ein Mechaniker von der US-Hilfsmission baut einen provisorischen Whirlpool für unsere Füße. Dr. Robert Berry und das Klinikpersonal arbeiten bereitwillig viele ermüdende Stunden, um unsere Füße zu retten. Unsere Mahlzeiten werden extra im Hause Dr. Berrys und seiner Frau zubereitet. Die amerikanische Gemeinde, darunter auch der Botschafter Henry E. Stebbins und seine Frau, schicken Lebensmittel. Bücher, Kekse und Bonbons stapeln sich in unseren Zimmern.

Dr. Melvin M. Payne, der stellvertretende Präsident der National Geographic Society, kommt extra aus Washington. Er bringt Dr. Eldred D. Mundth mit, eine Spezialistin für Erfrierungen bei der Marine. Beide stehen Dr. Berry mit Rat und modernsten Medikamenten zur Seite. Ich erfahre, dass der US-Marineattaché von Indien und Nepal ein Militärflugzeug mit eingebauter Koje schicken will, um mich nach Neu-Delhi zu bringen. Willi bleibt wegen seiner Arbeit für die Friedenstruppe in Nepal.

In der Klinik komme ich zur Ruhe. Ich glaube, ich habe meine Lektion gelernt. Der Everest ist eine raue und feindliche Größe. Wer immer ihn herausfordert, erklärt ihm den Krieg. Er muss seinen Angriff mit der Geschicklichkeit und Skrupellosigkeit einer militärischen Operation durchführen. Und wenn die Schlacht geschlagen ist, bleibt der Berg unbesiegt. Es gibt keine Sieger, nur Überlebende.

Allein auf den Everest

An meiner Grenze

Auf dem Rücken von Yaks wird die Ausrüstung zur Flanke des höchsten Berges der Welt transportiert. Ziel der Expedition ist ein in der Geschichte des Bergsteigens einzigartiges Wagnis: die Alleinbegehung des Mount Everest ohne Sauerstoff.

Von Reinhold Messner
Fotos vom Autor und
von Nena Holguín

Das Tor zu den Nordhängen des höchsten Bergs der Welt öffnet sich 1980. Zum ersten Mal seit 1950 gestattet China Bergsteigern aus dem westlichen Ausland, den Everest von Tibet aus zu besteigen. Tibets Wahrzeichen ist der Potala in Lhasa (**oben**), früher der Palast des Dalai Lama.
Die ersten Versuche, den Everest zu bezwingen, erfolgten ausschließlich auf dieser Route. Wie die bekannte britische Expedition im Jahr 1924, bei der George Leigh Mallory und Andrew Irvine umkamen, scheiterten auch alle weiteren. Ab 1950 begann die Erkundung von Nepal aus. Im Jahr 1953 gelang Edmund Hillary und Tensing Norgay schließlich die Erstbesteigung des Everest.

Die erste amerikanische Expedition von 1963 wurde von der National Geographic Society gefördert. Damals erreichten sechs Männer den Gipfel.
Im Jahr 1978 gelang Reinhold Messner und Peter Habeler eine Besteigung ohne künstlichen Sauerstoff. Nach der Öffnung Tibets erreichten zwei japanische Teams 1980 den Gipfel über die Nordwand. Im Sommer desselben Jahres folgte ihnen erneut Messner (**rechts**) zusammen mit der kanadischen Bergsteigerin und Journalistin Nena Holguín. In 6 500 Metern schlagen sie ihr Höhenlager auf. Nena Holguín bleibt im Lager zurück. Messner bricht ohne Sauerstoffflaschen und Funkgerät zum Gipfel auf.

DIE MORGENSONNE scheint auf den Berg, den die Tibeter Chomolungma – „Göttin Mutter Erde“ – nennen. Ich kann jede Zacke in der Formation des Nordostgrats erkennen. Hier sind George Mallory und Andrew Irvine das letzte Mal gesehen worden. Entlang ihrer Route arbeite ich mich zum Gipfel vor. Aber ich klettere allein.

Vor zwei Jahren, 1978, nahm ich an einer österreichischen Expedition teil. Zusammen mit Peter Habeler stand ich auf dem Gipfel des Mount Everest. Wir starteten von Nepal aus, der Südseite des Everest. Es ist die gängige Route. Einzigartig wurde die Besteigung dadurch, dass Peter und ich den 8 848 Meter hohen Gipfel ohne die Hilfe von künstlichem Sauerstoff erreichten.

Damals halfen uns Sherpas bis auf den über 8 000 Meter hohen South Col hinauf. Diesmal gibt es keine Träger. Es gibt auch keine Gefährten, kein Funkgerät, keine Sauerstoffflaschen. Ich stelle mich der für mich denkbar größten Herausforderung, der Besteigung des höchsten Berges der Erde – vollkommen allein.

Die Briten haben als Erste versucht, den Everest zu besteigen. Zum ersten Mal in der Geschichte des Bergsteigens erreichten Mallory und seine Männer 1922 die 8 000-Meter-Marke. Zwei Jahre später kamen Mallory und Irvine auf dem Berg ums Leben. Es wurden noch weitere Versuche unternommen, den Gipfel von tibetischer Seite aus zu erreichen. Bis die Chinesen Tibet 1950 für Ausländer schlossen. Schließlich bestiegen Edmund Hillary und der Sherpa Tensing Norgay den Everest 1953 von Nepal aus – und zwar mit künstlichem Sauerstoff. Viele waren im Lauf der Jahre zu der Überzeugung gelangt, Sauerstoffgeräte seien unerlässlich.

Im Jahr 1960 gab China die erste Gipfelbesteigung über den Nordgrat bekannt. Der Erfolg dieser Expedition wurde wegen mangelnder Dokumentation allerdings nicht allgemein anerkannt. Ein neunköpfiges chinesisches Team erreichte den Gipfel 1975. Es hinterließ dort ein Zeichen zum Beweis – den Tripol, ein stabiles Stativ. Als die Grenzen im Mai 1980 wieder geöffnet wurden, bestiegen zwei japanische Teams den Gipfel von der tibetischen Seite.

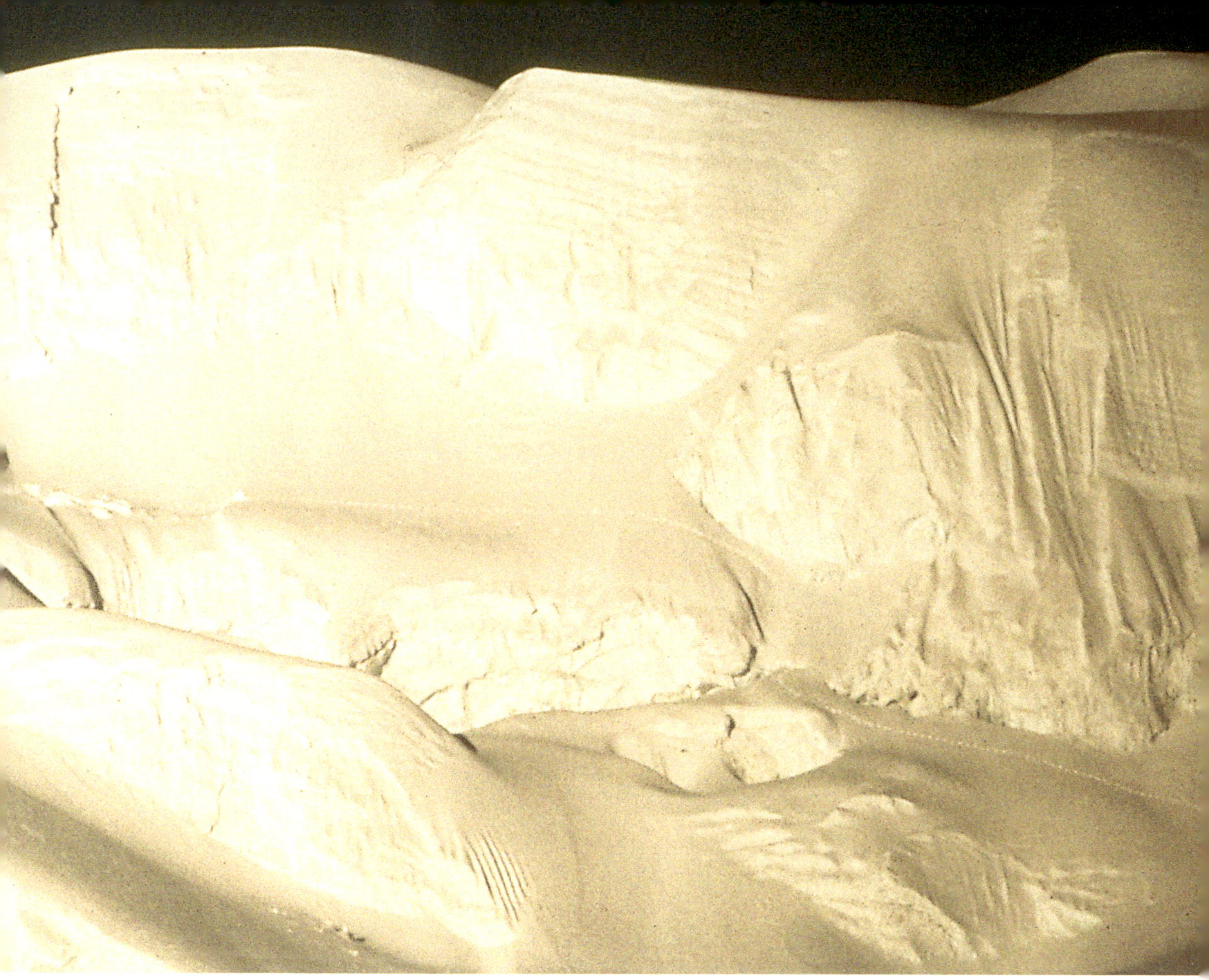

Unmittelbar nach dem Aufbruch findet Messners ehrgeiziges Projekt beinahe ein tödliches Ende: Auf dem Weg zum North Col (**oben**) bricht eine Schneebrücke ein. Er stürzt in eine Gletscherspalte. Ein winziger Vorsprung hält seinen Fall auf. Stufe um Stufe arbeitet er sich aus der eisigen Falle heraus.

Nicht weniger lebensgefährlich ist jedoch die physische Erschöpfung. Im Laufe des zweieinhalbtägigen Aufstiegs ringt er immer wieder mit sich. Zwei Mal muss der erfahrene Bergsteiger sein Zelt aufschlagen (**unten**). Auch die dritte Nacht verbringt er, jetzt bereits beim Abstieg, in seinem Biwak.

Höhe und Erschöpfung fordern ihren Tribut. Messner hat Halluzinationen. Bisweilen spricht er mit einem imaginären Zeltgenossen, unterhält sich mit seinem Rucksack und betrachtet seinen Eispickel als Gefährten. Doch er ist darauf vorbereitet: Wahnvorstellungen in derartigen Extremsituationen

sind nichts Ungewöhnliches. Hier bricht er am Morgen des zweiten Tages auf. Es erwarten ihn tiefer Schnee und dichter Nebel. Auf 8 250 Metern Höhe wird er sein Zelt für eine weitere lange Nacht aufschlagen.

Tibet: Von diesem Land habe ich immer geträumt. Um so mehr faszinieren mich die endlose Weite und das Pastell der Gebirgsketten, als ich jetzt mit dem Jeep durch die karge Landschaft fahre. Nena Holguín, eine kanadische Bergsteigerin und Journalistin, begleitet mich. Mit ihr schreibe ich später diesen Bericht nieder.

Aufbruch in der Dunkelheit

Es ist Mitte Juli. Wir sind bis auf 6 500 Meter gestiegen und errichten dort unser Höhenlager. Von hier aus breche ich am 18. August 1980 in der Dunkelheit um 5.00 Uhr zu meinem größten Abenteuer auf.

Schon nach wenigen Minuten endet es fast in einer Katastrophe. Ich überquere eine Gletscherspalte auf einer Schneebrücke. Plötzlich gibt sie nach. Die Brücke zerfällt zu Pulver und Eisbrocken.

Ich falle, stürze in die Tiefe. Es erscheint mir wie eine Ewigkeit. Mal mit der Brust, mal mit dem Rücken schlage ich gegen die Wände der Gletscherspalte. Im nächsten Moment habe ich wieder festen Boden unter den Füßen – oder sind schon Minuten vergangen? Ich habe kein Zeitgefühl mehr. Finsternis umfängt mich. «Mein Gott! Vielleicht werde ich hier unten sterben!»

Ich sehe nach oben durch einen Spalt. Er ist nicht breiter als ein Baumstamm. Ich erhasche einen Blick auf die funkelnden Sterne über mir. Wenn ich nur das Funkgerät mitgenommen hätte! Dann könnte ich Nena rufen. Sie liegt nur 500 Meter weiter unten im Zelt.

Ich fingere an meiner Stirnlampe herum. Sie lässt die Eiswände in einem dunklen Blaugrün aufflammen. Die Wände sind hier unten zwei Meter voneinander entfernt. Aber oben berühren sie sich fast. Der Vorsprung, auf dem ich gelandet bin, ist nur einen Quadratmeter groß. Schlagartig ist mir klar, dass ich in den Abgrund stürzen werde, wenn er einbricht. Ich habe keine Zeit, in meinem Rucksack nach den Steigeisen zu suchen und sie an den Stiefeln festzuschnallen.

Mein Instinkt gewinnt die Oberhand. Wie kann ich dem eisigen Gefängnis entkommen? Eine steile schmale Rampe verläuft an der Wand entlang nach oben. Mit dem Eispickel in der einen und einem Skistock in der anderen Hand bewege ich mich vorsichtig die Schräge hinauf. Stufe für Stufe schlage ich ins Eis. Ich ziehe mich hoch, bis ich den Rand der Gletscherspalte erreiche.

Ich bin wie in Trance. In der klaren, frischen Morgendämmerung krieche ich auf der talwärts gewandten Seite heraus. Erst vor vier Wochen habe ich eine Erkundungstour zum North Col gemacht. Damals hat mich die Brücke sicher getragen. Es war die beste Stelle zum Überqueren dieser Spalte, von der die 300 Meter hohe Eiswand unterhalb des Sattels diagonal zerteilt wird.

Auf meinem Alleingang habe ich weder Aluminiumleitern noch ein Seil dabei. Meine Ausrüstung besteht lediglich aus Skistöcken, einem Eispickel, einer Eisschraube und einem Felshaken. Er soll mein Zelt und notfalls mich selber am Boden festhalten, wenn ein schwerer Sturm aufkommt.

Auf der anderen Seite der Spalte bildet der Schnee eine steile Wand. Ich stoße meine Skistöcke hoch oben hinein und schwinge mich daran hinüber.

In Rekordzeit

Die ersten Sonnenstrahlen streifen den North Col. Ich arbeite mich die letzten 50 Meter nach oben. Weit im Osten sehe ich den mächtigen Kangchenjunga aus einer Wolkendecke emporragen. Ein majestätischer Anblick. Ich sehe auf meine Uhr. Es ist gerade 7.00 Uhr. Nur zwei Stunden nach Verlassen des Lagers stehe ich auf dem 6 990 Meter hohen North Col. Trotz meines Absturzes ist es mir gelungen, Mallorys Rekordzeit auf dieser Strecke zu schlagen.

Gegen 9.00 Uhr zeigt der Höhenmesser 7 360 Meter an. «Du musst die Zeit einhalten», denke ich, als ich über Wülste und Ausbuchtungen klettere. Sie formen den unteren Teil des Nordgrats. Hin und wieder trete ich in knöcheltiefe Kuhlen voll Pulverschnee. Der lose Schnee wird vom Wind aufgetrieben und wirbelt mir um den Kopf. Die Windböen beginnen an meinen Kräften zu zehren.

Auf 7 500 Metern stelle ich fest, dass ich erheblich langsamer werde. Ich darf nicht müde werden. Die nächsten zwei Tage werden noch viel anstrengender.

Der Bergsteiger, der auf einem Himalajariesen allein gegen die Elemente kämpft, ist wie eine Schnecke: Mit seinem Haus auf dem Rücken bewegt er sich langsam, aber stetig nach oben. Es gibt keine Ablösung, keinen Nachschubtransport. Keine Lager, wie sie in immer größeren Höhen aufgeschlagen werden. Und da ist auch kein Team von ausgeruhten Gipfelstürmern, das sich für den Endspurt bereit macht.

Alles, was ich brauche – Zelt, Schlafsack, Kocher, Brennstoff, Proviant, Kletterausrüstung – trage ich selber. Zum Schlafen stelle ich mein Zelt auf. Am nächsten Tag packe ich es wieder zusammen und nehme es mit. Da ist niemand, der ein zweites Zelt trägt. Und ich benutze kein Sauerstoffgerät, das mir mehr Kraft geben könnte. Ich mache einen Aufstieg im alpinen Stil. Das heißt, ich will den Gipfel in einem einzigen Ansturm erreichen. Dafür ist so ein Gerät viel zu schwer. Außerdem widerspricht es meiner Einstellung: Ich will den Berg erleben, wie er ist. Ich will erfahren, wie ich körperlich und psychisch reagiere. Mit künstlicher Sauerstoffzufuhr hätte ich nicht mehr das Gefühl, den Berg zu besteigen. Ich würde ihn damit unterwerfen.

Das Gewicht meines 15 Kilo schweren Rucksacks macht mir das Atmen schwer. Etwa alle zwölf Schritte halte ich an und schnappe nach Luft. Meine Gedanken schweifen ab. Die Abstände zwischen den Ruhepausen werden immer kürzer. Wenn ich mich hinsetze, scheint es mir fast unmöglich, wieder aufzustehen. Doch irgendwie gelingt es mir, in Bewegung zu bleiben. Schritt für Schritt treibe ich mich selbst voran. Dann erreiche ich die 7 800 Meter.

Japanisches Kräuteröl

An einer geeigneten Stelle trampele ich den Schnee fest. Danach bin ich völlig erschöpft. Mir fehlt die Kraft, das Zelt aufzuschlagen. Ich setze mich, um meinen Rucksack auszupacken. Weit unter mir liegt das Lager, das ich am Morgen verlassen habe. Ich kann einen kleinen roten Punkt erkennen. Nena muss den roten Schlafsack über das Zeltdach gelegt haben. Damit will sie sich vor der intensiven Sonnenstrahlung schützen.

Wärme ist in dieser Höhe fast noch problematischer als Kälte. Im Jahr 1978 hatte ich Temperaturen von bis zu minus 40 Grad zu ertragen. Stattdessen dörrt mich jetzt die Hitze aus. Meine Kehle brennt. Ich erinnere mich, eine kleine Tube mit japanischem Kräuteröl eingesteckt zu haben. Ich träufele mir zwei Tropfen auf die Zunge. Einen kurzen Moment lang verspüre ich Erleichterung. Dieses Öl, Aspirin und ein paar Schlaftabletten sind die einzigen Arzneimittel, die ich dabei habe.

Bestimmt kann Nena mich durch ihr Teleobjektiv sehen. Ich habe ihr erklärt, dass es keine Schwierigkeiten geben wird – vorausgesetzt, ich schaffe am ersten Tag 1 200 Höhenmeter. Das ist mir gelungen. Trotz meiner Erschöpfung bin ich guten Mutes.

Mein Zelt kann Windgeschwindigkeiten von bis zu 100 Stundenkilometern standhalten. Ich habe Schwierigkeiten, es aufzuschlagen. Der Wind weht jetzt mit etwa 80 Kilometern pro Stunde. Er hebt das Zelt ständig in die Luft. Schließlich sichere ich es mit den Skistöcken, dem Eispickel und dem Felshaken. Ich breite die fingerdicke Polyurethanmatte auf dem Boden aus. Dann krieche ich hinein.

Das Zelt ist kaum groß genug, um sich darin zusammenzurollen. Ich liege da und höre dem Wind zu, der Eiskristalle gegen die Zeltwand bläst. Er kommt von Nordwesten – ein gutes Zeichen. Ich sollte eigentlich etwas kochen. Seit dem Morgen habe ich nichts mehr gegessen. Aber ich kann mich nicht überwinden.

Meine Gedanken wandern zu Maurice Wilson. Bereits 1934 wagte er einen Aufstieg im Alleingang. Er war nicht einmal Bergsteiger. Trotz schrecklicher Schneestürme und mehrerer Abstürze gab er nicht auf. Er war überzeugt, dass Gott ihn zum Gipfel geleiten würde. Nach einem viertägigem Kampf kroch er zum Lager zurück. Die Sherpas versuchten, ihn zum Aufgeben zu bewegen. Doch sobald er wieder stehen konnte, versuchte er es erneut. Ein Jahr später fand man seine Leiche unterhalb des North Col. Die letzten lesbaren Worte in seinem Tagebuch lauteten: «Wieder vorangekommen, prachtvoller Tag.»

Bin ich nicht genauso verrückt? Besessen von einer Idee, die sogar viele Bergsteiger nicht nachvollziehen können? Ich habe den Everest schon einmal bestiegen. Diesmal bin ich entschlossen, es allein zu schaffen – ohne zusätzlichen Sauerstoff und über eine andere Route. Für mich ist es ein anderer Berg. Es ist eine neue Herausforderung.

Ein unsichtbarer Gefährte

«*Fai la cucina.*» – Fang an zu kochen. Jemand scheint neben mir zu stehen und erinnert mich daran, den Kocher anzuzünden. Seit Stunden habe ich das Gefühl, einen unsichtbaren Gefährten zu haben. Ich führe Selbstgespräche – auf Italienisch. Obwohl meine Muttersprache Deutsch ist. Vorher, seit Beginn der Reise, habe ich mit Nena nur Englisch gesprochen.

Ich stopfe mir Trockenfleisch, Käse und Brot in den Mund. Selbst diese kleinen Bewegungen sind anstrengend. «Ich muss endlich etwas kochen», sage ich mir wieder. Ich muss trinken, mindestens vier Liter Wasser am Tag. Das Zelt flattert im Wind. Ich öffne die Lasche weit genug, um mit dem Topfdeckel etwas Schnee zu schaufeln. In diesem Moment wird die Flamme meines Gaskochers ausgeblasen. «Das wird eine schlimme Nacht», denke ich, als ich ihn wieder anzünde.

Es ist kaum zu glauben, wie viel Schnee, Zeit und Mühe man braucht, um in dieser Höhe einen einzigen Liter Wasser zu gewinnen. Ich liege einfach da. Dabei halte ich den Topf über den Kocher und zwinge mich, ihn immer wieder mit Schnee zu füllen. In den ersten Topf Wasser mische ich Tomatensuppenpulver. Mit den beiden nächsten brühe ich mir tibetischen Salztee. Nomaden haben mich gelehrt, ihn zuzubereiten: mit einer Hand voll Kräutern und zwei Prisen Salz.

Endlich ist das Kochen erledigt. Danach lege ich mich vollständig angekleidet in meinen Schlafsack. Ich schlafe ein. Als ich die Augen öffne, weiß ich nicht, ob es Abend oder Morgen ist. Ich will nicht auf die Uhr sehen. Tief in meinem Inneren habe ich Angst. Benommen kreisen meine Gedanken um die ganzen 30 Jahre meines Bergsteigerlebens. Erinnerungen werden wach – an die Erschöpfung, die Verzweiflung und an donnernde Lawinen.

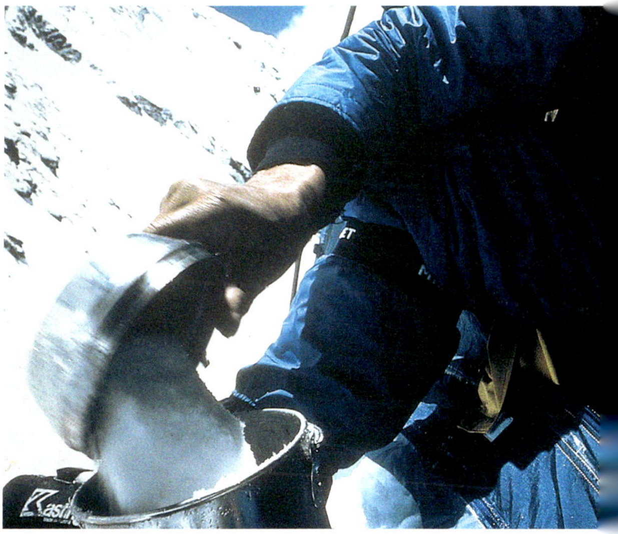

Verbissen müht sich Messner, einen Topf voll Schnee für Trinkwasser zu schmelzen. In der trockenen, dünnen Luft sind selbst derart einfache Tätigkeiten anstrengend. Die Kamera für ein Selbstporträt aufzustellen, ist eine kaum zu bewältigende Aufgabe.

Das Zelt (rechts) wird zum lebenswichtigen Kokon. Es im Sturm aufzuschlagen erfordert übermenschliche Kräfte. Der Wind peitscht gegen das Zelt. Messner verbringt eine ruhelose Nacht. Seine Stiefel zieht er nicht aus. Das Risiko von Erfrierungen ist zu groß. Die meisten Zehen hat er allerdings bereits 1970 verloren, bei der Besteigung des Nanga Parbat. Bei dieser Expedition kam sein Bruder ums Leben.

Bei jedem Biwak reduziert Messner seine Traglast (oben). Einige Lebensmittel und Ausrüstungsgegenstände bleiben bereits im ersten Lager zurück. Für den letzten Anstieg verzichtet er sogar auf seinen Rucksack. Messner kann auf eine 30-jährige Erfahrung als Bergsteiger zurückblicken. Diesmal riskiert er einen Aufstieg im alpinen Stil: Vorstoß zum Gipfel in einem einzigen Angriff und schnelle Rückkehr. Am Morgen des entscheidenden Tages stellen ihn heranziehende Wolken vor eine schwere Entscheidung. Soll er trotz des heraufziehenden Sturmes aufsteigen oder soll er sich geschlagen geben? Messner klettert weiter.

Ich wusste vorher, wie groß die Plackerei direkt unter dem Gipfel des Everest sein würde. So kurz vor dem Ziel und doch so qualvoll weit entfernt. Hätte ich nicht gelernt, wie man damit fertig wird, würde ich jetzt umkehren. Schritt für Schritt quäle ich mich vorwärts. Mein ganzer Körper rebelliert.

Eine andere Route

Die Morgensonne des 19. August scheint auf mein Zelt. Der Raureif an den Innenwänden beginnt zu schmelzen. Langsam packe ich zusammen. Ich beschließe, zwei Dosen Sardinen, eine Gaskartusche und die Hälfte der Suppen und Tees zurückzulassen.

Die ersten 50 Meter bewege ich mich sehr langsam vorwärts. Dann komme ich wieder in meinen Rhythmus. Ich fühle mich erfrischt. Aber leider nicht lange. Etwa eine Stunde lang stapfe ich durch knietiefen Schnee. Dann sehe ich den Hang des Nordgrats vor mir. Er verläuft steil bergauf. Etwa 450 Meter unterhalb des Gipfels geht er in den Nordostgrat über.

Wenn ich weiter durch tiefen Schnee klettern muss, bin ich bald am Ende. Ich suche nach einer anderen Route. Zu meiner Rechten erstreckt sich das riesige Schneegebiet der Nordflanke. Mehrere Schneebretter sind abgegangen. Den frischen Schnee an diesen Stellen hat der Wind weggefegt. Vielleicht ist die Oberfläche dort hart. Es ist meine einzige Chance. Schritt für Schritt steige ich auf. Ich quere die Große Schlucht, die der britische Bergsteiger Edward Norton 1924 als Erster erreichte. Manchmal breche ich durch das verkrustete Eis. Meine Stiefel finden auf der Oberfläche kaum Halt. Ich konzentriere mich auf jeden Schritt. Deshalb merke ich nicht sofort, dass das Wetter sich verschlechtert.

Um 15.00 Uhr bin ich noch ungefähr 200 Meter von der Schlucht entfernt. Nichts anderes existiert mehr: nur diese weiße Welt. Unter mir liegt ein ferner Planet. Ich sehe auf meinen Höhenmesser. Verdammt! Er zeigt nur 8 220 Meter an. Ich bin enttäuscht. Völlig ausgelaugt suche ich nach einem geeigneten Lagerplatz.

Eine Stunde später schlage ich mein Zelt auf einem schneebedeckten Felsvorsprung auf. Ich würde gern ein Foto von mir machen. Das hieße, die Kamera auf den Eispickel zu schrauben, sie auf Automatik zu stellen, zehn Schritte

zurückzugehen und auf das Klicken zu warten. Dazu habe ich nicht die Kraft. Viel wichtiger ist es, etwas zu trinken zuzubereiten.

Ich behalte meine sperrigen Stiefel an, als ich mich ins Zelt lege. Sie sind feucht von Schweiß. Wenn ich sie ausziehe, könnten sie einfrieren. Das darf ich nicht riskieren. Ich fühle meinen Puls, während ich Schnee schmelze. Er rast – weit mehr als 100 Schläge pro Minute.

Was ist, wenn der mittlerweile unübersehbare Nebel bis zum Morgen nicht nach oben steigt? Soll ich noch warten? Nein, das wäre sinnlos. Auf dieser Höhe kann man sich ohnehin nicht erholen. Am Tag darauf wäre ich so geschwächt, dass es für den Gipfelsturm nicht mehr reichen würde. Entweder ich steige morgen auf – oder ab. Es gibt keine andere Möglichkeit.

Der Morgen des 20. August ist klar. Aber es ziehen Wolken auf. Ich schnalle die Steigeisen an, nehme meine Kamera über die Schulter und meinen Eispickel in eine Hand. Alles andere lasse ich im Zelt zurück. Nach kurzer Zeit vermisse ich meinen Rucksack. Er war mein Freund, mein Partner. Ich habe mich mit ihm unterhalten. Er hat mich aber auch schwer ge-

drückt. Ohne ihn ist es leichter – viel leichter sogar. Außerdem habe ich ja noch einen zweiten Begleiter, den Eispickel. Es ist der Mangel an Sauerstoff, der diese Halluzinationen verursacht. Ich kenne sie schon von meiner Besteigung des Nanga Parbat vor zwei Jahren – auch da war ich allein.

Der Weg hinauf durch die Große Schlucht ist physisch anstrengend, aber technisch nicht allzu schwierig. Ich kenne die Berichte früherer Expeditionen. So habe ich das Gefühl, hier schon einmal geklettert zu sein. Das hilft mir, die einzig mögliche Route zu finden: eine Schneerinne, die zu einer mit Felsen durchsetzten Steilstufe führt. Nach einer Weile bremst weicher Schnee meine Schritte. Ich krabbele auf Händen und Knien wie ein Vierbeiner, schwerfällig und apathisch. Eine dunkle Felswand versperrt mir den Weg. Irgendetwas zieht mich nach links. Ich mache einen kleinen Bogen um das Hindernis.

Jetzt stehe ich genau unterhalb des Gipfels. Dichter Nebel. Ich kann mich kaum orientieren. Die nächsten drei Stunden vergehen, ohne dass ich es registriere. Ich klettere instinktiv, ohne zu denken. Für kurze Momente

Um 15.20 Uhr am 20. August, dem dritten Tag seiner Expedition, ist Messner am Ziel: Er erreicht den Gipfel. Damit stellt er die Leistung aller seiner Vorgänger in den Schatten. Er arbeitet sich durch den Schnee auf den Tripol zu. Eine chinesische Expedition hat ihn 1975 zurückgelassen. Messners Belohnung sind einige flüchtige, wolkenverhangene Blicke auf die Welt unter ihm. Völlig erschöpft bleibt er nur 40 Minuten dort.

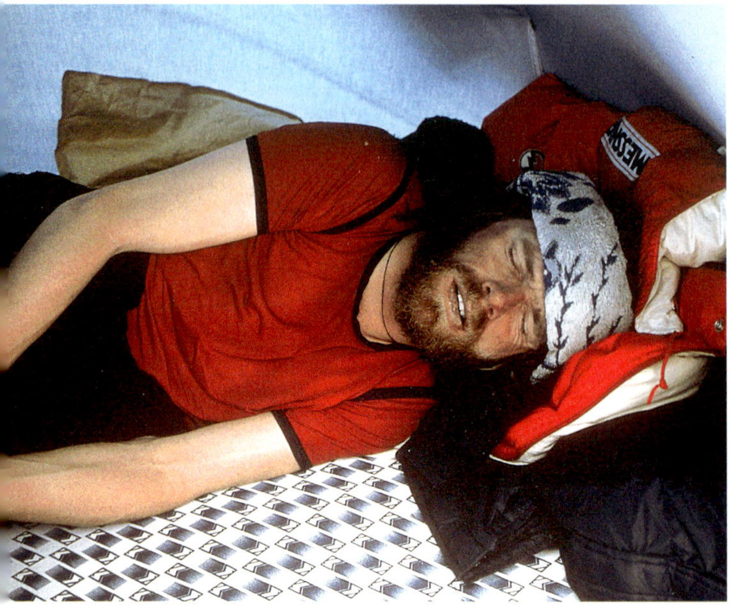

Zurück im Höhenlager überkommt Messner die Agonie des Sieges. Nena Holguín behandelt ihn gegen Erschöpfung, Überhitzung und Dehydrierung. Zuerst fließen Tränen, dann bricht der Bericht von den überstandenen Strapazen aus ihm heraus.
Messner erkennt, dass er sich selbst so weit getrieben hat, um zu erfahren, was der englische Dichter Cecil Day Lewis einst wie folgt beschrieb:

«Der Himalaja des Geistes
Ist nicht so einfach zu erobern:
Es gibt mehr als Klippen und Stürme
Zwischen dir und deinem Everest.»

Reinhold Messner überwand Felsen und Eis. Aber es gelang ihm auch, die eigenen inneren Hindernisse zu bewältigen. So erreichte er sein Ziel.

teilen sich die Wolken. Vor dem blauen Himmel erhasche ich einen flüchtigen Blick auf den Gipfel.

Plötzlich sehe ich den Tripol! Da ist er – gesegnet sei der Beweis, verflucht die Entweihung dieses höchsten Ortes der Einsamkeit. Mit einem Stück steifgefrorenen Stoffs um die Spitze gewickelt ragt er kaum aus dem Schnee hervor.

Ich sitze da wie ein Stein. Ich habe all meine Kräfte aufgeboten, um hierhin zu gelangen. Ich fühle mich leer. Ich muss mehrere Fotos machen. Jedes einzelne erfordert gewaltige Anstrengung. Fetzen blauen Himmels sind zu sehen. Dann schließen sich die Wolken wieder. Zum zweiten Mal habe ich den höchsten Punkt der Erde erreicht. Und wieder kann ich nichts sehen. Doch diesmal ist das nicht von Bedeutung.

Erschöpft, aber voller Erleichterung

Heute weiß ich nicht mehr, wie ich es zum Gipfel des Everest geschafft habe. Ich weiß nur noch eines: Ich hätte nicht mehr lange weitergehen können.

Langsam stehe ich auf und beginne den Abstieg. Nach dreieinhalb Stunden bin ich bei meinem Biwak auf 8 250 Metern. Ich versuche eine Suppe zu kochen. Aber ich schaffe es nur, den geschmolzenen Schnee in meine Wasserflasche zu gießen. Ich habe nicht die Kraft zu trinken. In dieser Nacht kann ich nicht einschlafen. Aber ich bin auch nicht bei vollem Bewusstsein.

Am 21. August um 7.30 Uhr breche ich wieder auf. Ich habe nur meine Kamera, Ersatzfäustlinge und eine zweite Sonnenbrille eingepackt. Alles Übrige bleibt zurück. Mein Rucksack treibt mich voran. Er gönnt mir kaum einen Moment Rast. Über die Nordflanke bewege ich mich abwärts in Richtung North Col.

Da ich diese direkte Route nehme, kann mich Nena bis 10.30 Uhr nicht sehen. Erst als ich den Rücken des North Col erreiche, entdeckt sie mich. Ich bin nicht mehr Herr meiner Sinne. Nena sagt später, ich sei getorkelt wie ein Betrunkener. Als ich den North Col hinabsteige, erkennt sie, dass ich Hilfe brauche. Als ich beim Gletscher bin, kommt sie mir entgegen.

Ich breche in Tränen aus. Es sind Tränen der Erleichterung. Tränen darüber, wieder in Sicherheit zu sein. Innerhalb kürzester Zeit liege ich im Zelt. Nena legt mir einen Eisbeutel auf die Stirn. Ich bin erschöpft und überhitzt. Sie flößt mir Fruchtsaft ein – Dose um Dose.

Nach etwa zehn Minuten habe ich mich soweit erholt, dass ich wieder sprechen kann. Jetzt sprudelt alles aus mir heraus. Nena fragt, ob ich noch einmal einen Achttausender im Alleingang besteigen würde.

Alles, was ich dazu sagen kann, ist: «Ich glaube nicht, dass ich es je wieder schaffen könnte. Ich war an meiner Grenze.»

Heiliger und entweihter Ort: Das Dach der Welt wird von Besuchern überschwemmt und verfällt zusehends. Mit Hilfe aus dem Ausland hat Nepal begonnen, die gefährdete Umwelt zu schützen. Dazu gehören auch seine Kronjuwelen, die Berge – auf einigen von ihnen, so glauben die Sherpas, haben die Götter ihren Wohnsitz.

Bewahrung des Everest

Von Sir Edmund Hillary

DAS ERSTE MAL kam ich 1951 zum Everest. Ich war Mitglied einer britischen Expedition unter der Leitung von Eric Shipton. Ziel war es, eine Route zum Gipfel über den Südhang des Berges zu finden.

Es war Monsunzeit. Wir kämpften uns durch Nepal mit seinen hohen Bergrücken und angeschwollenen Flüssen. Am 12. September, dem ersten schönen Tag, erreichten wir den Pass über Chaunrikarka. Vor uns lag das wunderbar bewaldete Dudh-Kosi-Tal. Im Norden sahen wir den heiligen Gipfel der Sherpas, Khumbila, der sich klar gegen den Himmel abzeichnete. Wir näherten uns der Khumbu-Region an den Flanken des Everest, dem Kernland der Sherpas.

Am nächsten Tag kletterten wir durch Kiefernwälder den langen Steilhang hinauf nach Namche Basar. Alles war von dichtem Grün bedeckt. Unterhalb des Dorfes wuchsen riesige Nadelbäume. Sie umrahmten die schnee- und eisbedeckten Gipfel, die auf der anderen Seite des Tals aufragten. Wir marschierten durch das Tal zum Kloster Thjangboche. Es liegt auf 3 960 Metern Höhe und ist von prächtigen Bergen umgeben: Eine gigantische Wand erstreckt sich von dem 7 879 Meter hohen Nuptse im Westen bis zum 8 501 Meter hohen Lhotse im Osten. Dahinter kam der Gipfel des Everest zum Vorschein – massiv und gewaltig.

Wir erreichten das Dorf Pangboche mit seinem uralten Kloster und den hohen, knorrigen Wacholderbäumen. Von hier an aufwärts wuchsen fast nur noch Wacholdersträucher. Aber es gab immer noch Waldstücke. Auf dem Weg zum Tal des Khumbu-Gletschers ließen wir dann auch den Wald hinter uns. Niedriger, dunkelgrüner Wacholder bedeckte die Hänge. Yaks weideten auf trockenem Gras.

Wir gingen weiter in Richtung Basislager am Fuß des Khumbu-Eisbruchs. Allmählich gelangten wir zu der Gewissheit, dass es möglich sein würde: Es gab einen Weg über den Südhang. Zwei Jahre später, am 29. Mai 1953, standen mein Begleiter, der Sherpa Tensing Norgay, und ich auf dem Gipfel des Everest.*

30 Jahre später

Fast 30 Jahre vergehen, bis ich die gleiche Reise erneut unternehmen kann. Das Tal des Dudh Kosi ist immer noch wunderschön. Aber der Wald ist erschreckend ausgedünnt: Die Sherpas schlagen hier Bauholz. Die Bäume unterhalb von Namche Basar tragen Narben von den *Kukri,* den schweren Messern der nepalesischen Träger. Äste und Rinde werden als Brennholz verwendet. Auch die Wälder bei Thjangboche haben sich gelichtet. Die Gegend um Pangboche ist fast völlig kahl. Im Tal des Khumbu-Gletschers kann man kaum noch einen Wacholderstrauch sehen.

Was ist geschehen? Unsere Eroberung des Everest hat Bergsteiger vieler Nationen angezogen. Der Bedarf an Brennholz für ihre Expeditionen hat die Bestände des weit verbreiteten Wacholders schnell erschöpft – die Wälder blieben zunächst verschont.

Der Wunsch zu helfen: Für die Sherpas, deren Heimat er zu weltweiter Beachtung verhalf, zimmert der Autor an einem Schulgebäude im Dorf Gumila. Seit er und Tensing Norgay 1953 den Everest bestiegen, hat Hillary 17 Schulen errichtet.

* Sir Edmund Hillarys Bericht erschien im Juli 1954 im NATIONAL GEOGRAPHIC (siehe auch S. 88–107 in diesem Buch).

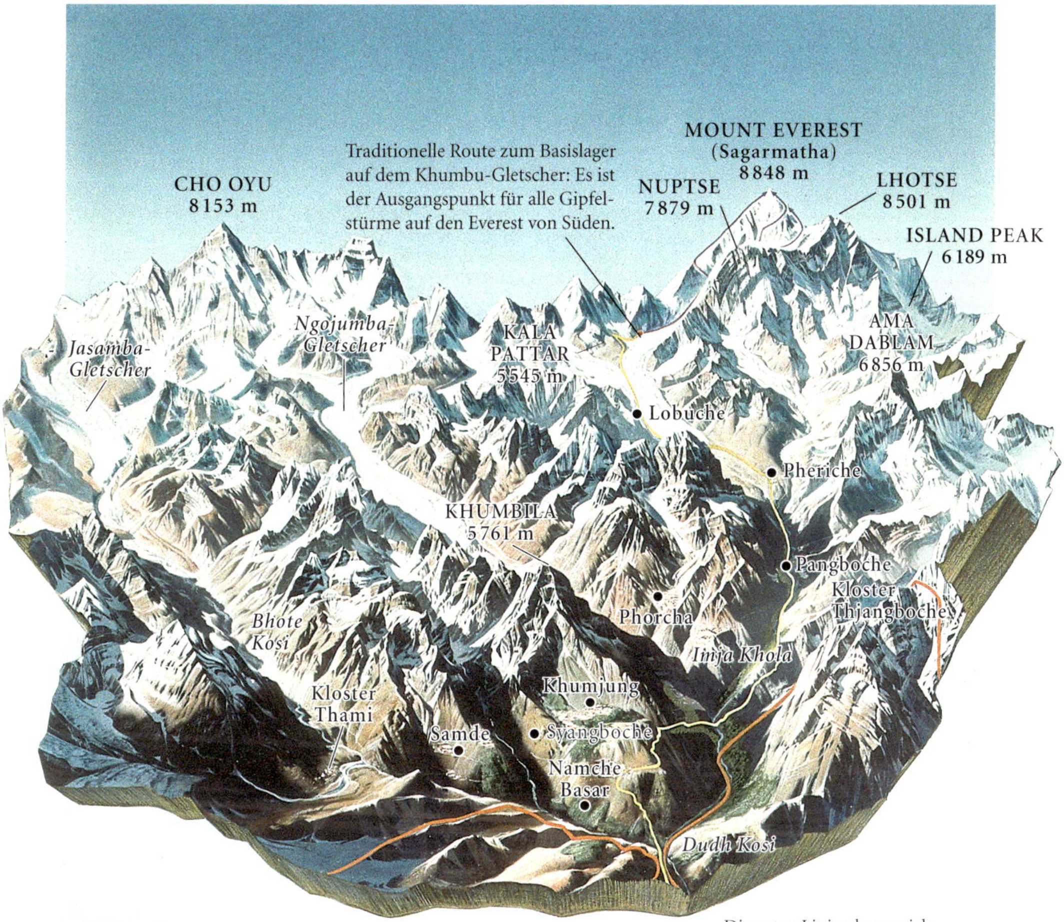

Die roten Linien kennzeichnen die nördlichen Grenzen des Parks – Sperrgebiet.

«Weil er da ist!» Das ist der am häufigsten angeführte Grund für die Besteigung des Everest. Der höchste Berg der Welt in der Khumbu-Region Nepals hat sich in eine Art Kultstätte verwandelt. Als das Königreich im Jahr 1950 seine Grenzen öffnete, kamen zuerst die Bergsteiger – 280 Kilometer zu Fuß aus Kathmandu. Dann wurden zwei Landebahnen gebaut, und die Trekker kamen. Nun waren es mehr als 5000 Menschen im Jahr – doppelt so viele wie die Sherpa-Bevölkerung vor Ort.

Auf Betreiben des Autors stellten seine Heimat Neuseeland und eine Reihe von Umweltschutzorganisationen Geld und Personal für einen Nationalpark zur Verfügung, um der Zerstörung Einhalt zu gebieten. Im Jahr 1981 übernahm Nepal die Verwaltung des 1240 Quadratkilometer großen Parks.

Sagarmatha nennen die Nepalesen ihren nationalen Schatz und den umgebenden Park. Der Berg erhielt seinen heutigen Namen erst 1865, nach dem britischen Landvermesser Sir George Everest. Der Mount Everest (**links**) formt zusammen mit dem Lhotse (**Mitte**) und dem Nuptse (**rechts**) eine Mulde für den Khumbu-Gletscher.

Dort verläuft die traditionelle Südroute zum Gipfel des Everest. Dieser Anstieg wird Jahre im Voraus gebucht. In jedem Frühjahr und Herbst findet hier eine wahre Bergsteigerolympiade statt, für die unzählige Sherpas angeheuert werden.

«**Meine Hauptaufgabe** besteht darin, mein Volk von dem Park zu überzeugen», sagt Sherpa Mingma Norbu (**links**). Er wurde in dem Dorf Khumjung (**rechts**, im Hintergrund der Berg Ama Dablam) geboren.
Die Gesetze zum Schutz des Waldes sind bei den Sherpas höchst unpopulär. Sie brauchen das Brennholz. Die Durchsetzung dieser Vorschriften ist das größte Problem des neuen Parkverwalters.

In gewisser Weise bin ich für die Schäden mit verantwortlich. Anfang der 60er-Jahre habe ich die Sherpas beim Bau von Schulen, Krankenhäusern, Brücken und Wasserleitungen unterstützt. Um den Transport von Baumaterial zu erleichtern, errichteten wir in Lukla einen kleinen Flugplatz. So wurde der Zugang zum Gebiet um den Everest erleichtert, und die Zahl an Touristen nahm stetig zu. Damit stieg auch der Bedarf an Brennstoff rapide an.

Im Jahr 1973 erkannte ich, dass irgendeine Art von Kontrolle notwendig war. Sonst würde die Khumbu-Region zu einer baumlosen Wüste verkommen. Die Lösung schien mir die Errichtung eines Nationalparks zu sein.

Im Oktober 1973 sprach ich mit dem Berater für Forstwirtschaft der Vereinten Nationen in Kathmandu. Er hatte schon mit Bishal Nath Upreti, dem Leiter der Nationalparks in Nepal, über diese Möglichkeit gesprochen. Sie stellten fest, dass Hilfe von außen nötig sein würde.

Die Topographie Neuseelands ähnelt der nepalesischen. Dort gibt es zudem ein gut ausgebautes Netz von Nationalparks. Würde mein Heimatland bei der Gründung des Sagarmatha-Nationalparks helfen?

Ich wandte mich an das Außenministerium. Zu meiner Überraschung reagierte man dort sofort. Eine dreiköpfige Mission wurde nach Nepal geschickt und stimmte zu. Im Jahr 1975 zog der erste Berater der neuseeländischen Nationalparks nach Namche Basar: Der Sagarmatha-Nationalpark konnte entstehen.

Die 70er-Jahre waren in der Khumbu-Region eine Zeit enormer Expansion. 5 000 Ausländer pro Jahr waren keine Seltenheit. Dutzende Hotels wurden gebaut. Teestuben und Bierlokale schossen wie Pilze aus dem Boden. Nepalesische Händler verkauften den Besuchern und ihren Trägern Lebensmittel und Brennholz. Durch den enormen Bedarf an Feuer- und Bauholz wurde der Wald stark in Mitleidenschaft gezogen. Ein besonders großes Problem waren die Zweifel der Sherpas. Sie fürchteten, dass der Nationalpark ihre Versorgung mit Brennstoff und das Weideland ihrer Yaks beschränken könnte. Sie dachten sogar, dass man sie aus dem Park vertreiben würde.

Bei den Wahlen zum *Panchayat* (Dorfrat) 1976 waren alle Hauptkandidaten gegen den Nationalpark. Einer von ihnen, Khunjo Chumbi, formulierte es so: «Zuerst hat Hillary den Sherpas Zucker gegeben – jetzt streut er ihnen Salz in die Augen.»

Ich muss zugeben, dass seine Sorge berechtigt ist. Die zahlungskräftigen Ausländer, die zum Everest kommen, stellen eine große Versuchung dar. Der Widerstand der Sherpas gegen eine Einschränkung der Rodung für Brennholz macht es umso schwieriger, Regeln für Expeditionen und Trekkinggruppen durchzusetzen. Bemühungen, Kerosin- oder Gasflaschen in Namche verfügbar zu machen, erwiesen sich als erfolglos. Die Brennstoffversorgung ist bis heute ein ernstes Problem.

Investition in die Zukunft

Mittlerweile ist das neuseeländische Hilfsprogramm abgeschlossen. Die Nepalesen sind auf sich gestellt. Sherpa Mingma Norbu, der fünf Jahre in Neuseeland studiert hat, ist verantwortlich für die Forstwirtschaft im Park. Die Zukunft des Sagarmatha-Nationalparks könnte von ihm abhängen: Voraussetzung ist, dass er seine Landsleute zur Kooperation motivieren kann. Wenn er außerdem die Bergsteiger diszipliniert und dafür sorgt, dass Trekker und Touristen den benötigten Brennstoff selber mitbringen, dann wird das Ziel des Nationalparks vielleicht erreicht.

Noch ist alles möglich – ein außerordentlicher Nationalpark oder eine baumlose Wüste. Mit viel Mut und Einfallsreichtum kann es ein herrlicher Park werden.

Ein Park am Gipfel der Welt

Von Rick Ridgeway

Fotos von Nicholas Devore III

IN GEGENDEN, wo weder Autos noch Busse fahren, wandere ich besonders gern: Hier muss jeder zu Fuß gehen. Daher kann man mit guten Wegen rechnen. Der Pfad nach Namche Basar ist da keine Ausnahme. Das Dorf ist ein wichtiges Handelszentrum der Sherpas. Es liegt 29 Kilometer Luftlinie vom Mount Everest entfernt. Man erreicht den Ort nur über eine steile gewundene Steintreppe. Generationen von Wanderern haben sie glatt getreten. Ich habe noch eine Stunde vor mir. Aber schon jetzt steht mir der Schweiß auf der Stirn. Selbst im April auf einer Höhe von nur 3 350 Metern ist die Mittagssonne kräftezehrend.

Claire McAuliffe, eine 34-jährige Rechtsberaterin aus San Francisco, geht ein paar Schritte hinter mir. Wir haben uns gestern an Bord einer Twin Otter kennen gelernt. Wir flogen von der nepalesischen Hauptstadt Kathmandu nach Lukla, dem kleinen Flugplatz im Everest-Gebiet.

Vor fünf Jahren bin ich diesen Pfad schon einmal gegangen. Daher kenne ich die Wegbiegung direkt vor uns. «Gleich haben wir den ersten Blick auf den Everest», sage ich zu Claire. «Ich hoffe, ich muss nicht wieder weinen», erwidert sie. Schon als wir den Everest aus dem Flugzeug sahen, war sie zu Tränen gerührt. «Ich habe schon Touren durch die Sierra Nevada und die Teton-Berge gemacht», erklärte sie, «aber mit einem so überwältigenden Schauspiel hatte ich einfach nicht gerechnet.»

Wie die meisten Trekker im Himalaja will Claire nach Kala Pattar. In 5 547 Metern Höhe hat man von dort einen Panoramablick auf den Mount Everest. Sie hofft, es in einer Woche zu schaffen. Ich möchte von Kala Pattar aus noch einen halben Tag bis zum Basislager weitergehen. Es liegt am Fuß des Everest. Von dort starten die Expeditionen ihren anstrengenden Aufstieg.

Erinnerung an frühere Touren

Der Gedanke, das Basislager wiederzusehen, weckt nostalgische Gefühle in mir. Vor fünf Jahren war ich Mitglied der Everest-Expedition, die anlässlich des 200-jährigen Jubiläums der Vereinigten Staaten stattfand. Damals hatte unser Team 44 Tage lang dort seinen Stützpunkt. So lange brauchten wir für den Aufstieg. Ich war schon auf mehreren Expeditionen im Himalaja. Jetzt bin ich zum ersten Mal als Trekker unterwegs.

Mein Ziel ist der Sagarmatha-Nationalpark. Sagarmatha ist der nepalesische Name für den Mount Everest, den die Sherpas als „Göttin des Universums" betrachten.

Der 1 240 Quadratkilometer große Park wurde 1976 eingerichtet. Damit soll ein Gebiet geschützt werden, das «nicht nur für Nepal eine große Bedeutung hat, sondern für die ganze Welt». Drei der höchsten Berge der Welt befinden sich hier: Everest, Lhotse und Cho Oyu.

Der noch junge Park steht vor vielen Problemen. Zu viele Menschen nutzen die begrenzten Ressourcen. Die Verwaltung muss sich nicht nur um ein Naturschutzgebiet mit Wildtieren kümmern. Auch die Interessen der Sherpas müssen berücksichtigt werden. Es geht nicht nur um das Weideland ihrer Tiere, sondern auch um Brennholz. Dies allein würde das ökologische Gleichgewicht der Region nicht gefährden. In den letzten zehn Jahren ist die Zahl der Trekker jedoch *(Fortsetzung auf Seite 184)*

Im Sagarmatha-Nationalpark leben etwa 2 500 Sherpas. Nur in wenigen Nationalparks auf der Welt ist das vorgesehen. Zu den Einheimischen gehört auch die 17-jährige Changi Phuti (**rechts**). Anfangs fürchteten die Sherpas, der Park würde ihre Existenz gefährden. Allmählich akzeptieren sie ihn.

Das Reich der Tiger: Namche Basar liegt in einem natürlichen Amphitheater nahe des Eingangs zum Naturschutzgebiet. Von diesem Haupthandelsplatz der Sherpas aus starten die meisten Trekking- und Kletterexpeditionen. Die Mehrzahl der Männer aus der Region zieht als Träger mit ihnen. Man nennt sie auch „Schneetiger". Viele Sherpas sind sechs Monate im Jahr oder die ganze Frühlings- und Herbstsaison von zu Hause fort. In dieser Zeit kümmern sich Frauen und Kinder um die Ernte und das Vieh. Es weidet in den grasbewachsenen Hochlandtälern.
Markttag in Namche Basar (**rechts außen**): Nach dem Regen kühlt das Tal unter dem Nebel ab. Im Juni säen sich etliche Rhododendronarten (**links**) entlang der Parkwege aus. Rechtzeitig zur Monsunzeit kehren die Männer aus Namche wieder nach Hause zurück.
Die Sherpas haben schon immer als Träger oder Händler gearbeitet. Denn ihre Heimat hat eine strategisch günstige Lage: zwischen dem buddhistischen Tibet – der ursprünglichen Heimat ihrer Ahnen – und den Hindu-Königreichen im Süden. Nun strömen Touristen und Bergsteiger in die Region, und die Arbeit als Träger ist für Sherpas zur Haupteinnahmequelle geworden.
Doch damit wurde ihr Leben auch gefährlicher: Längst sind die Berge keine Hindernisse mehr, sondern Ziele.

Jedes Jahr zum Mani-Rimdu-Fest drängen sich die Sherpas auf den Dachsparren der Klöster Thjangboche und Thami (**rechts**). In Thami stellen die Mönche durch Tanz (**links**) und Schauspiel in mythologischen Masken (**oben**) den Triumph des Buddhismus über die alten heidnischen Religionen dar.
Auch in der Verwaltung des Naturschutzparks findet ein Fest statt (**ganz oben**): Hier wird die Abreise der Neuseeländer gefeiert. Diese Bilder gehören zu den letzten Aufnahmen, die Jonathan Wright gemacht hat. Im Oktober 1980 kam der Fotograf in China durch eine Lawine ums Leben.

Die Sherpas pflegen die Erde ihrer terrassierten Hänge sehr sorgfältig. Das Bild zeigt Felder in Phorcha. Wie hier werden auf den meisten der ummauerten Felder Kartoffeln angebaut. Die

(Fortsetzung von Seite 178) sprunghaft angestiegen: 1971 kamen 4 000 Touristen nach Nepal, 1981 waren es schon 20 000. Ein Viertel davon besuchte das Everestgebiet. Inzwischen ist die Zahl der Besucher doppelt so hoch wie die der Bewohner des Nationalparks. Um genügend Brennholz für Sherpas und Trekker zu beschaffen, wurden die Hänge fast völlig abgeholzt und sind nun der Erosion ausgesetzt. Was tun die Parkbeamten, Sherpas und Trekker, um diesen großartigen Park zu erhalten?

Als ich noch über diese Frage nachdenke, erreichen wir die Biegung und sehen talaufwärts den Everest. Teilweise ist er hinter der mit Eis und Schnee bedeckten Nuptse-Lhotse-Wand verborgen. Weitere gigantische Gipfel umgeben ihn. Trotzdem erkennt man ihn sofort: Wie eine gehisste Fahne zieht ein Wolkenstreifen auf die Leeseite seiner schwarzen Gipfelpyramide. Claire ist den Tränen nahe.

„Schneetiger" verdienen Respekt

Der Everest trennt Nepal und Tibet. Vor 32 Jahren hat Nepal seine Grenzen geöffnet. Seitdem kann man sich dem Berg von Süden her nähern. Die ersten Expeditionen in den 1920er-

Pflanze wurde im 19. Jahrhundert importiert. Als gläubige Buddhisten dürfen Sherpas zwar Fleisch essen, aber sie dürfen ihr Vieh nicht selber schlachten.

und 1930er-Jahren versuchten, über die Nordseite hinaufzugelangen. Von Ostindien aus führte der Weg nach Norden, dann wieder nach Westen durch Tibet. Insgesamt waren es knapp 480 Kilometer Fußweg.

Bei diesen frühen Expeditionen heuerte man Sherpas an, die in Indien arbeiteten. Seit Generationen bringen sie als Händler Waren über hohe, eisbedeckte Pässe. Für ihre neuen Auftraggeber sollten sie Lebensmittel und Ausrüstung auf den Everest schleppen. Viele von ihnen waren so stark, dass sie den Spitznamen „Schneetiger" erhielten.

Trotzdem scheiterten alle Expeditionen. Der Zugang zur Südseite des Everest war deshalb eine neue Chance. Am 29. Mai 1953 betraten Edmund Hillary, ein Bienenzüchter aus Neuseeland, und der Sherpa Tensing Norgay erstmals den Gipfel. Die Nachricht von diesem Triumph wurde Queen Elizabeth am Tag ihrer Krönung überbracht. Hillary wurde zum Ritter geschlagen. Durch Tensings Ruhm wurden die Sherpas in der ganzen Welt bekannt.

Heutzutage müssen sich Bergsteiger für einen Versuch am Everest jahrelang im Voraus anmelden. Seit Tibets Grenzen wieder offen sind,

können Bergsteiger den Everest von allen Seiten in Angriff nehmen. Auf verschiedenen Routen sind manchmal drei oder vier Gruppen gleichzeitig unterwegs. Aber nur knapp 100 Menschen haben den Gipfel bisher erreicht. Noch ist es ein exklusiver Club.

Für die Sherpas ist das Lastentragen ein wichtiges Geschäft. Bei unserer Everestbesteigung 1976 waren 46 Sherpas dabei – Köche und Träger für Proviant, Ausrüstung und Sauerstoff. Sie begleiteten uns zu den Lagern in 8 367 Metern Höhe. Inzwischen sind Trekkinggruppen die bedeutendere Einnahmequelle. In Namche Basar leben über 80 Prozent der Haushalte von dem Geld, das die Bergsteiger und Trekker ausgeben.

Neuseeländer verabschieden sich

Die 140 Häuser des schönen Dorfes Namche Basar sind in Hufeisenform auf einem Steilhang angeordnet. Ich halte Ausschau nach den Sherpas unserer damaligen Expedition. Aber sie sind alle unterwegs. Dieses neue Geschäft bringt den Sherpafamilien zwar mehr Geld, aber auch Probleme: Durch die langen Monate der Trennung steigt die Scheidungsrate.

Auf einem Hügel oberhalb des Dorfes bemerke ich die größte Veränderung seit meinem letzten Besuch. Dort steht ein Komplex von etwa einem halben Dutzend Gebäuden. Hier hat die Verwaltung des Sagarmatha-Nationalparks ihren Sitz. Die Häuser mit Mauern aus Stein und Ziegeldächern wurden in den vergangenen sechs Jahren gebaut – von den vier aufeinander folgenden Rangern aus Neuseeland.

Den letzten von ihnen, Mal Clarbrough, treffe ich in seiner kleinen Hütte an. «Kommen Sie herein», sagt Clarbrough mit einem breiten Lächeln. Seine Frau Margaret drückt mir sofort eine Tasse Tee in die Hand.

Sir Edmund Hillary hatte in seiner Heimat Neuseeland für die Errichtung des Nationalparks geworben. Die Regierung sagte ihm ihre Unterstützung für fünf Jahre zu. Mit dem Budget wurden Häuser gebaut. Zusammen mit den Nepalesen stellte man einen Managementplan auf. Jetzt nähert sich diese Zusammenarbeit ihrem Ende. In einigen Wochen wird der gesamte Parkbetrieb an Nepal übergeben.

«Margaret und ich sind jetzt ein Jahr hier», sagt Clarbrough, «es wird ein trauriger Abschied. Man schließt die Gegend schnell ins Herz.» Ich glaube, er bedauert auch, dass einige Probleme noch ungelöst sind. «Die härtesten Diskussionen drehen sich um das Brennholz. Wir haben ein Gesetz gegen das Fällen junger Bäume im Park erlassen. Aber es ist schwer durchzusetzen. Oben im Tal bekommen sie umgerechnet vier Dollar für eine Ladung. Der Verkauf von Feuerholz ist ein gutes Geschäft.»

Jugendliche beenden, was eine Axt begann (**oben**): Das Schlagen junger Bäume ist verboten. Denn der Wald ist ohnehin stark geschädigt. Trekker sind dazu verpflichtet, ihren eigenen Brennstoff mitzubringen. Trotzdem kaufen sie nach wie vor Körbe mit Feuerholz (**links**).
In einer Baumschule im Nationalpark versucht man der Zerstörung der Wälder etwas entgegenzusetzen. Der Neuseeländer Lawrie Halkett (**oben**) untersucht zarte Setzlinge.

Das Brennholz wird aber nicht nur an die Trekker verkauft. Die Sherpas brauchen es auch selber. Solange es keinen anderen Brennstoff gibt, lehnen viele von ihnen das Gesetz ab. Überhaupt stehen manche dem Park kritisch gegenüber. Mit einem Sherpa unterhalte ich mich darüber, dass der Erhalt des Baumbestands langfristig in ihrem eigenen Interesse ist. «Was willst du denn tun, wenn alle Bäume weg sind?», frage ich ihn. Er ist die Ratschläge Außenstehender leid. Gereizt antwortet er: «Und was macht ihr, wenn ihr die Welt mit euren Bomben in die Luft gejagt habt?»

Es müssen alternative Energiequellen gefunden werden. Erst dann kann eine neue Regelung Erfolg haben. Der Managementplan sieht die Erzeugung von Solarenergie vor. Sie soll für die Telekommunikation und zur Erhitzung von Wasser im Krankenhaus von Kunde genutzt werden. Später ist der Bau kleiner Wasserkraftanlagen geplant.

Ranger bemüht sich um Kooperation

Um diese Probleme wird sich demnächst der 26-jährige Sherpa Mingma Norbu kümmern. Wenn die Neuseeländer das Land verlassen, wird er der neue Parkranger.

Ich besuche Mingma in seiner Einzimmerhütte. Er spricht Englisch mit einem leichten neuseeländischen Akzent. «Ich habe fünf Jahre in Neuseeland studiert. Forstwirtschaft und Parkmanagement», erklärt er mir. «Ich will mich vor allem auf das Besucherzentrum, das Wiederaufforstungsprojekt und die Öffentlichkeitsarbeit konzentrieren. Ich werde versuchen, die Sherpas für den Park zu gewinnen. Dazu muss ich auch unpopuläre Gesetze einführen», fährt Mingma fort. «Gestern habe ich mir zum Beispiel meinen besten Freund vorgeknöpft. Er hatte ein offenes Feuer angezündet. Ich weiß, dass ich so lange unbeliebt sein werde, bis die Leute meinen Standpunkt verstehen.» Mingma hat einige Möglichkeiten, um dieses Verständnis zu fördern. Das Welterbekomitee der Unesco hat 10 000 US-Dollar für die Restaurierung der buddhistischen Tempel im Park zur Verfügung gestellt. «Ich möchte die Sherpas in die Arbeit einbinden. Religion hat hier einen hohen Stellenwert.» Er will sie mit der Instandhaltung von Wegen und Brücken sowie mit der Wiederaufforstung beauftragen.

Besonders wichtig ist Mingma eine Grundschulklasse, die er unterrichtet. «Ich erkläre den Kindern, wie man den Wald schützen kann.

Mal Clarbrough (**oben**) ist der letzte Parkranger aus Neuseeland: «Wir übergeben den Park (**rechts**) in gute Hände.» Die Stuben in den Gästehäusern am Weg (**links**) sind warm und oft bequem. Ihre Gastfreundlichkeit kann den Sherpas dabei helfen, den Erhalt des Parks zu sichern.

Wenn sie nicht glauben, dass die Wälder verschwinden, sollen sie ihre Großväter fragen. Sie können erzählen, wie es hier früher aussah.»

Mingma nimmt mich auch zu seinem Großvater mit. Der alte Nima Tashi sitzt auf einer handgewebten Decke und viertelt Pflanzkartoffeln. Nima Tashi ist 87. Sein Gesicht ist so zerfurcht wie die Berge, in denen er sein Leben verbracht hat. Als er uns sieht, lächelt er. Er ruft nach dem Lieblingsgetränk der Sherpas, Chang. Eine Frau erscheint mit drei Gläsern. Sie füllt sie mit dem dickflüssigen milchigen Reisbier. Ich nehme einen Schluck. Immer wieder besteht sie darauf, mein Glas zu füllen. Es gilt als unhöflich, weniger als drei Gläser zu trinken. Das Ritual kann einen recht beschwipst machen, besonders im starken Sonnenlicht auf 3 960 Metern.

Nepals Nationalvogel, der Danphe oder Himalaja-Glanzfasan (**oben**). Zu den 120 Vogelarten, die im Sagarmatha-Nationalpark leben, gehören auch der Steinadler und der große Himalaja-Gänsegeier. Infolge der günstigen Bedingungen im Naturschutzpark ist seine Population wieder gestiegen. Auch der Himalaja-Tahr (**rechts**), ein ziegenähnliches, leichtfüßiges Tier, vermehrt sich zunehmend. Einige Moschushirsche und der selten sichtbare Schneeleopard leben ebenfalls im Park.

Die Aufforstung des Nationalparks

Nach ein paar Gläsern beginnt der alte Nima Tashi, Geschichten zu erzählen. Mingma übersetzt: «Heute gibt es nur noch Baumstümpfe auf kahlem Boden. Aber vor 40 Jahren wuchsen dichte Wälder um Syangboche, einen Tagesmarsch entfernt. Bei der Vorbereitung einer Karawane nach Tibet brauchten wir immer mehrere Tage, bis wir die Yaks zwischen den Bäumen gefunden hatten.»

Dann frage ich ihn, was er vom Nationalpark hält. «Der Park ist noch jung. Man wird sehen. Die Wiederaufforstung ist jedenfalls gut. Bäume brauchen viel Zeit zum Wachsen. Aber wir müssen an unsere Urenkel denken.»

Das Aufforstungsprogramm läuft schon an: Gerade werden zwei Grundstücke für die Setzlinge eingezäunt. Dafür ist der junge Neuseeländer Lawrie Halkett zuständig. Ein Dutzend Freiwillige vom Deutschen Alpenverein helfen ihm bei der Arbeit. Danach wollen sie den 6 169 Meter hohen Island Peak besteigen. Halkett macht eine Pause, um mich herumzuführen. Wir überqueren den steilen Hügel. «Meine Frau und ich sind jetzt seit 18 Monaten hier», erzählt er. «Aber in ein paar Wochen endet die Beteiligung Neuseelands am Aufbau des Nationalparks. Dann reisen wir ab. Wissen Sie, es ist ein bisschen schwierig, Bäume zu pflanzen – man sieht 40 Jahre lang keine echten Resultate.» Doch auch wenn sich die Mühe erst spät auszahlt und obwohl er seine Hände am Stacheldraht aufgerissen hat: Halkett lässt sich nicht beirren. Wir gehen noch ein Stück am Zaun entlang. Er erklärt mir, woher die Bäume kommen. «Eine Baumschule wurde unterhalb von Namche errichtet, die andere in der Nähe von Thjangboche. Wir pflanzen vor allem Blaue Stechfichten und Weißtannen.»

Am nächsten Morgen begleitet mich Halkett noch ein Stück. Er will mir die 20 000 Setzlinge in seiner Baumschule zeigen. Zwei Sherpafrauen gießen die etwa acht Zentimeter hohen Bäumchen. Zu Beginn des Monsuns im Juni können sie umgepflanzt werden. «Das ist nur ein kleines Projekt», erklärt er, «aber es hilft uns, die Menschen von der Bedeutung des Naturschutzes zu überzeugen.»

Als die beiden Frauen mit der Bewässerung fertig sind, bestehen sie darauf, dass wir eine Schüssel Kartoffeln mit ihnen essen. Die eine holt eine Feldflasche und gießt uns Chang ein. Ich muss dringend aufbrechen. Vor Einbruch der Dunkelheit will ich in Thjangboche sein. Aber es ist zwecklos: «Noch ein Glas!»

Beflügelt vom hochprozentigen Chang komme ich auf meinem Weg zum Kloster Thjangboche gut voran. Die höheren Gipfel sind von dunklen Wolken verhangen. Viele der Sherpas, die ich treffe, sprechen von einem frühen Monsun. Es ist eine unheimliche Stimmung.

Unterwegs kann ich einige Tiere beobachten. So zum Beispiel zwei Himalaja-Tahre. Die ziegenähnlichen Tiere mit braunen Halskrausen und kurzen Hörnern werden bis zu 90 Kilo schwer. Etwas weiter scheuche ich zwei Glanzfasane auf, die in neun schillernden Farben funkeln. Der Fasan ist Nepals Nationaltier. Ein unvergesslicher Anblick vor der Kulisse eines fernen Gletschers. Hier sollen auch Moschushirsche anzutreffen sein. Aber ich sehe keinen einzigen. Trotz des gesetzlichen Schutzes wurde diese kleinwüchsige Hirschart extensiv gejagt. Eine Drüse am Unterbauch des Tieres produziert einen Duftstoff, der für die Herstellung eines im Orient beliebten Parfums genutzt wird. (Die Wilderer gehörten zu fremden Stämmen im unteren Tal. Die Sherpas sind strenge Buddhisten. Sie lehnen das Töten ab.) Mittlerweile haben die Chinesen eine Möglichkeit gefunden, die Drüse anzuzapfen, ohne das Tier zu töten. Dennoch floriert der Schwarzmarkt für Moschusöl aus Nepal.

Auch die Flora der Region ist sehr artenreich. Noch unterhalb des Klosters kann ich deutlich Himalajabirken, Blaue Stechfichten, Weißtannen und Wacholder im Wald erkennen. In der Nähe des Klosters wächst üppiger Rhododendron. Hier hat die Gier nach Feuerholz noch nicht alles zerstört.

Das Kloster Thjangboche wurde 1923 gegründet. Von dort aus hat man einen Blick auf Everest, Nuptse, Lhotse und den schwertförmigen Gipfel des Ama Dablam. Ich schlage

Nur Yaks bleiben von der weiten Aussicht am Lager Lobuche unberührt. Trekkinggruppen schlagen hier ihr Lager auf. Auf einer Tagestour besteigen sie den 5 547 Meter hohen Kala Pattar, für die meisten Parkbesucher das höchste Ziel. Rechts erhebt sich der wolkenverhangene Grat des Nuptse.

mein Zelt auf dem Klostergelände auf. Am Morgen weckt mich der 19-jährige Sherpa Kami Tensing, den ich als Begleitung zum Basislager angeheuert habe: «Tee fertig, Sahib.» (Dieses Wort, „Saab“ ausgesprochen, signalisiert nicht mehr Unterwürfigkeit. Es bedeutet „Sir“.)

Er reicht mir einen Becher mit heißem Tee ins Zelt. Ein paar Minuten später stellt er eine Pfanne mit dampfend heißem Waschwasser draußen ab. Gastfreundschaft ist charakteristisch für die Sherpas, ein sehr gewinnendes Volk. Edmund Hillary erzählte mir einmal: «Die Sherpas haben so viele Eigenschaften, die wir aus dem Westen uns gerne zuschreiben: Sie sind zäh, höflich, tolerant und fröhlich.» Die Eigenschaft, die ich an ihnen am meisten schätze, ist absolute Ehrlichkeit. Wenn nur Sherpas um mich sind, kann ich mein Gepäck vor einem Teehaus oder meine Kamera und Geld im Zelt zurücklassen. Wenn andere Trekker in der Nähe sind, wäre ich vorsichtiger.

Mit den Steinen für eine neue Schule trägt ein Sherpajunge Lasten für seine eigene Zukunft (**oben**). Nepal ist eines der ärmsten Länder der Welt. Ausländische Stiftungen und die Bemühungen von Sir Edmund Hillary sind eine wichtige Hilfe bei der Einrichtung von Schulen. Dies und der Bildungshunger der Sherpas wird ihren Kindern (**rechts**) helfen, der Welt auf gleicher Augenhöhe zu begegnen.

Wo Menschen nach Luft ringen, fühlen sich Yaks erst wohl

Wir verlassen Thjangboche. Fünf Stunden später erreichen wir unser Tagesziel Pheriche. Die Kleinstadt mit einer breiten, einsamen Straße wirkt trostlos. Es weht ein eisiger Wind. Ein paar Kilometer entfernt liegt ein Gletscher im Talboden, der aussieht wie die graue Zunge eines toten Tiers. In der Ferne sieht man zwei Punkte, weidende Yaks. In diesem trübseligen Szenario finde ich es tröstlich zu sehen, dass die Natur Tiere erschaffen hat, die gerne in dieser öden Gegend leben.

Den ganzen Tag über begegnen wir diesen erstaunlichen Tieren. Jedes trägt mehr als 50 Kilo: Handelsware, Brennstoff, Expeditionsausrüstung. Yaks sind auf ihren Lebensraum in großen Höhen angewiesen. Daher vermeiden es die Sherpas, sie unterhalb von Namche (3 440 m) einzusetzen. Und wenn sie tiefer hinab gehen? Ein Sherpa klärt mich auf: «Oh, das nicht gut. Yak wird sehr krank. Bekommt Malaria!»

Auf Menschen hat die große Höhe die gegenteilige Wirkung. Die Höhenkrankheit kann ernste Folgen haben. Oberhalb von Pheriche leiden die meisten Trekker an den Symptomen: Kopfschmerzen und sogar Lungenödeme – lebensbedrohliche Ansammlungen von Flüssigkeit in der Lunge.

Ich habe zwar auch schon ohne Sauerstoffgerät an Kletterexpeditionen auf über 8 540 Meter teilgenommen. Aber das schützt mich nicht davor, auf dieser Tour höhenkrank zu werden. Einen Extratag habe ich in Lobuche (4 930 Meter) eingeplant, um mich zu akklimatisieren. Danach steige ich weiter zum Basislager auf. Oberhalb von Lobuche muss ich noch einen zweiten Ruhetag einlegen. Als ich den Aufstieg fortsetze, habe ich noch immer stechende Kopfschmerzen, eines der ersten Anzeichen für Höhenkrankheit. Aber ich bin nur noch weniger als eine halbe Stunde vom Basislager entfernt – also gehe ich weiter.

Auf etwa 5 270 Metern Höhe erreiche ich den Khumbu-Gletscher. Von dort aus folge ich einem schlecht erkennbaren Pfad durch Schnee und Geröll. Überall ragen fantastische Eistürme auf. Sie sind durch tauendes und verdunstendes Eis in der Umgebung entstanden. Einige sind über 15 Meter hoch. Über mir kreist ein einsamer Steinadler. Ich kann mir nicht vorstellen, was er dort oben jagt.

Eine Gruppe orangefarbener und roter Zelte rückt ins Blickfeld. Sie sehen aus wie Konfetti, mit dem die monotone Gebirgslandschaft dekoriert ist. Ich habe gehört, dass sich im Moment zwei Expeditionen im Basislager aufhalten, eine japanische und eine bulgarische. Die Japaner wollen eine neue Route zum Everest ausprobieren. Die Bulgaren haben sich den Lhotse vorgenommen, den vierthöchsten Berg der Welt. (Das bulgarische Team hat Erfolg; das japanische kommt bis auf 99 Höhenmeter an den Gipfel heran.) An den verschiedenen Bergspitzen im Naturschutzpark haben noch sechs weitere große Expeditionen ihre Zelte aufgeschlagen: aus Australien, Frankreich, Jugoslawien, zwei aus Spanien und noch eine weitere aus Japan.

Bald werde ich das Basislager erreichen! Vor Aufregung vergesse ich sogar meine Kopfschmerzen. Der berüchtigte Khumbu-Eisbruch mit seinem Chaos aus Eisblöcken und Gletscherspalten ist mir vertraut. Dort ergießt sich der Gletscher aus dem hohen, vereisten, von Everest, Lhotse und Nuptse eingekesselten Cwm. Alle Expeditionen, die der normalen Aufstiegsroute folgen, müssen diesen Eisbruch überwinden. Er ist ständig in Bewegung, stürzt zusammen und spaltet sich auf. Viele Menschen haben hier schon ihr Leben verloren. Als wir den Eisbruch 1976 durchquerten, hatten wir Glück: Zwei Teilnehmer erreichten den Gipfel, und niemand wurde getötet oder verletzt. Ich selber konnte damals bis auf 7 925 Meter vorstoßen.

Anderen erging es weniger gut. Zehn Steindenkmäler erinnern an Sherpas, die beim Aufstieg zu Tode kamen. Allein sechs starben bei einer einzigen Katastrophe. Es geschah bei den Dreharbeiten zu dem japanischen Film „Der Mann, der den Everest auf Skiern hinabfuhr". Der Eisbruch verschob sich. Eines der Opfer war der Vater von Mingma Norbu, dem Parkwächter mit dem neuseeländischen Akzent.

Eine Pilgerreise zum Everest kann eine beschwerliche Sache sein, wie ein amerikanischer Trekker mit seinen Trägern (**rechts**) bezeugen kann. Für die Sherpas ist Trekking weniger anstrengend und gefährlich als die Arbeit in großer Höhe. Und es wird fast ebenso gut bezahlt. Seit 1950 sind 22 Sherpas in den Bergen des Parks tödlich verunglückt. Sie sind den Trekkern zwar physisch überlegen. Aber sie sind für das Bergsteigen nicht so gut trainiert wie die meisten ihrer Arbeitgeber. Mit einer neuen Schule für Bergsteiger in Nepal hofft man, diesen Mangel zu beheben.
Monoton wie die Schrittfolge der Trekker: Die Worte des buddhistischen Gesangs «Om Mani Padme Hum» schmücken diese Felsen (**oben**): Sie bedeuten «Heil dir, Juwel in der Lotosblüte». Die Steine liegen nahe Kunde bei einem buddhistischen Chorten (Kultschrein).

Ich stehe in der warmen Sonne und unterhalte mich mit den Japanern. Zumindest in einem Punkt unterscheidet sich ihr Lager von unserem damals: Es gibt keine Stapel mit Feuerholz zum Kochen mehr. Heute ist Butangas in Metallflaschen vorgeschrieben. Sie werden von Yaks heraufgeschleppt.

Allmählich macht mich die dünne Luft lethargisch. Im Scherz nennen Bergsteiger dieses Gefühl «Höhenfußkrankheit»: die Unfähigkeit, einen Fuß vor den anderen zu setzen. Ich habe das ehrgeizigste Ziel der Trekker erreicht. Ich stehe am Fuß des Everest. Solange ich noch die Kraft dazu habe, muss ich den langen Rückmarsch beginnen – den Weg ins Tal.

Wird die Herausforderung angenommen?

Ich komme zurück nach Namche. Dort lädt mich Mal Clarbrough zu einer Party ein. Die Übergabe der Verwaltung des Nationalparks an die Nepalesen wird gefeiert. Mehr als 200 Leute sind anwesend. Es gibt Yakeintopf und Kartoffeln. Bald sind die Sherpas in Tanzstimmung. Sie legen die Arme umeinander und bilden eine lange Reihe. Dann gehen sie im Rhythmus des Gesangs einen Schritt nach vorn und wieder einen zurück. Es gibt doppelt so viele Tänzerinnen wie Tänzer. Viele der jüngeren Männer sind auf Treks oder Klettertouren. Wieder einmal wird mir bewusst, wie sehr sich das Leben dieses Volkes in nur 30 Jahren verändert hat.

Früher waren die Sherpas hier allein. Ihre Probleme bekamen sie gut in den Griff. Jedes Dorf hatte einen Waldhüter. Er verhinderte das übermäßige Abholzen. Die Gemeinden unterstützten die Klöster, pflegten Wege und Brücken. Es bestand ein ausgeglichenes Verhältnis zwischen den Menschen und ihrer Umgebung. Doch das Missverhältnis zwischen Tänzern und Tänzerinnen zeigt: Trekking und Bergsteigen haben die Männer ihrer lokalen Verantwortung entzogen.

Wird dieser Zustand jemals wieder hergestellt werden? Oder wird sich Shangri-La von einem heiligen Ort in einen Slum verwandeln? «Es steht auf Messers Schneide», hat Edmund Hillary einmal zu mir gesagt, «aber das Potenzial zur Lösung der Probleme ist da.»

Die Aufgabe des Sagarmatha-Nationalparks besteht darin, dieses Potenzial zu nutzen. Nur so kann die Harmonie zwischen Mensch und Natur wiederhergestellt werden.

Mit Gebetsfahnen an einem Baum im Sagarmatha-Nationalpark wird der Windgott um Beistand gebeten. Als gebe er eine direkte Antwort, verspricht der Himmel einen regenreichen Sommer für die Region. Hier befindet sich die Wasserscheide des Himalaja, die Quelle des Lebens für den indischen Subkontinent.

Die Ostflanke des Everest

Von Andrew Harvard

Fotos von Expeditionsteilnehmern

Über einen eisverhangenen Korridor, die so genannte Bowling Alley (Kegelbahn), steigt mein Teamgefährte David Coombs die Ostflanke des Mount Everest hinauf. Diese Steilwand galt lange als unbezwingbar. Nach ihrer Entdeckung durch den britischen Alpinisten George Mallory im Jahr 1921 blieb sie ein halbes Jahrhundert lang unberührt. Man fand andere, leichter zugängliche Routen zum Gipfel. Im Herbst 1980 bat mich eine amerikanische Bergsteigervereinigung, zu erkunden, ob man die Ostflanke besteigen könne. Nach sorgfältiger Prüfung lautete meine Antwort: gefährlich, aber nicht unmöglich. Die folgenden Seiten dokumentieren zwei dramatische Geschichten: die Erforschung der legendären Ostflanke des Everest und ihre Eroberung durch amerikanische Bergsteiger.

DER ERSTE ANBLICK trifft mich völlig unvorbereitet – er ist unvergesslich. Als ich einen Hang unweit des großen Kangshung-Gletschers in Tibet umrunde, sehe ich vor mir plötzlich eine riesige, hoch aufragende Masse aus Eis und Felsen. Es ist die nahezu unbekannte Ostflanke des Mount Everest. Regungslos verharre ich vor diesem majestätischen Bild.

Plötzlich löst sich in etwa 20 Kilometern Entfernung lautlos eine Lawine von einem Berghang. Im Hinabrutschen gewinnt sie an Umfang und Geschwindigkeit. Sie stürzt über die gewaltigen Pfeiler. Dann explodiert sie auf der Gletscheroberfläche drei Kilometer unterhalb des Gipfels in einer Wolke aus Eisstaub. Erst Minuten später erreicht mich in der Stille das verzögerte Donnern der Lawine.

Das ist kein gutes Omen. Ich bin in diese entlegene Gegend Tibets gereist, um herauszufinden, ob die Ostflanke – auch Kangshung-Flanke genannt – mit moderner Ausrüstung begehbar ist. Seit 1947 war der nördliche Zugang durch Tibet aus politischen Gründen versperrt. Nun ist er für Bergsteiger wieder geöffnet.

Ich starte in der tibetischen Hauptstadt Lhasa. Ein altgedienter chinesischer Bergsteiger und ein Dolmetscher aus Peking, der mir ein guter Freund wird, begleiten mich. Wir fahren mit dem Jeep nach Südwesten. Am dritten Tag erreichen wir das Dorf Kharta. Hier endet die Straße. Was ich in diesen drei Tagen vom tibetischen Landleben sehe, ist faszinierend und ernüchternd zugleich.

In Tibet herrscht eine tiefe Schwermut. Daran können auch die neuen Schulen, Kranken-

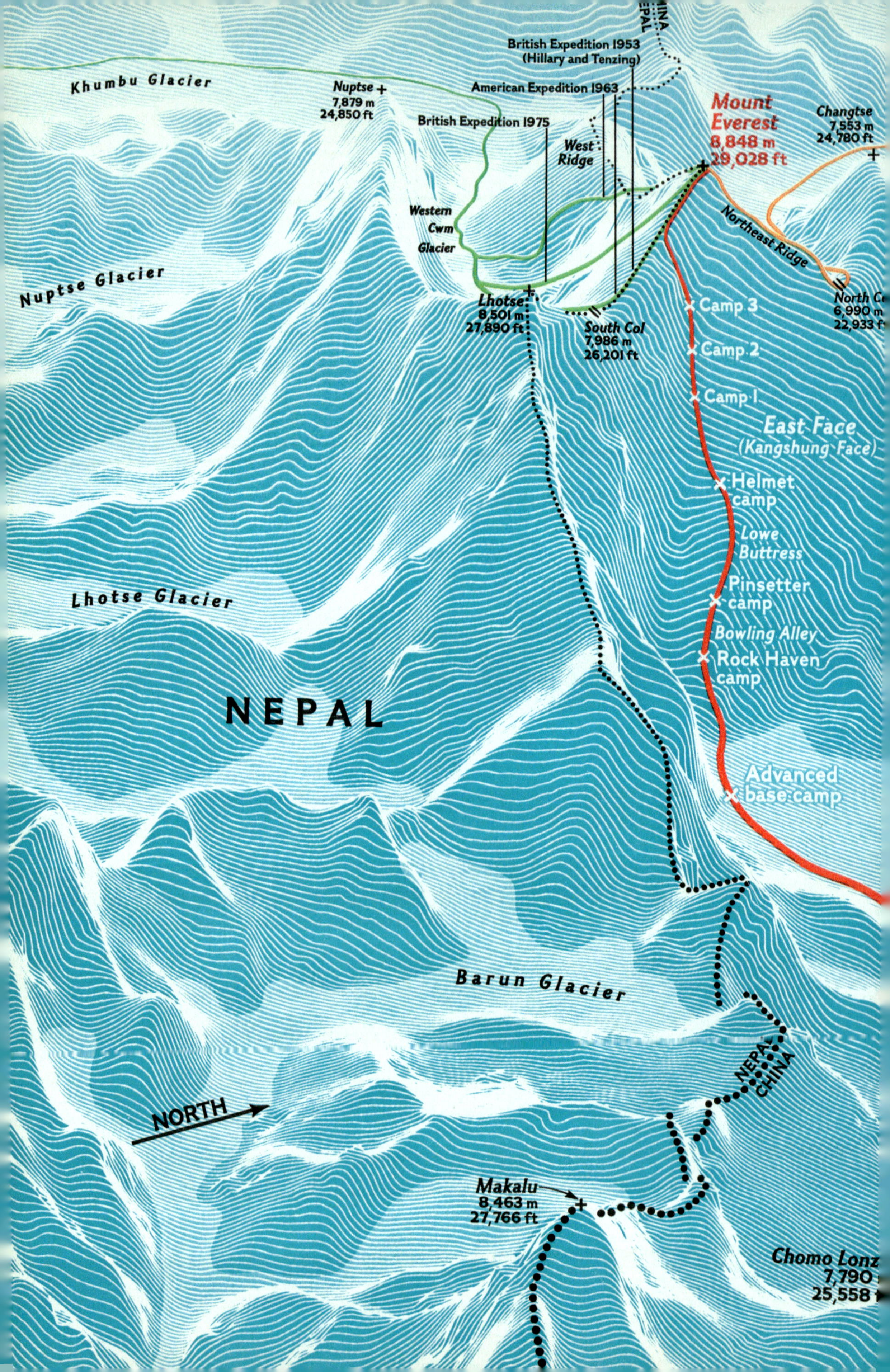

Khumbu Glacier
Nuptse
7,879 m
24,850 ft
British Expedition 1953
(Hillary and Tenzing)
American Expedition 1963
British Expedition 1975
West Ridge
Mount Everest
8,848 m
29,028 ft
Changtse
7,553 m
24,780 ft
Western Cwm Glacier
Northeast Ridge
Nuptse Glacier
Lhotse
8,501 m
27,890 ft
South Col
7,986 m
26,201 ft
North Col
6,990 m
22,933 ft
Camp 3
Camp 2
Camp 1
East Face
(Kangshung Face)
Helmet camp
Lowe Buttress
Pinsetter camp
Bowling Alley
Rock Haven camp
Lhotse Glacier
NEPAL
Advanced base camp
Barun Glacier
NEPAL
CHINA
NORTH
Makalu
8,463 m
27,766 ft
Chomo Lonz
7,790
25,558

TERRAIN MODEL PRODUCED BY CHICAGO AERIAL SURVEY
DRAWN BY RAMSEY MURRAY, COMPILED BY LINDA KRIETE
NATIONAL GEOGRAPHIC CARTOGRAPHIC DIVISION

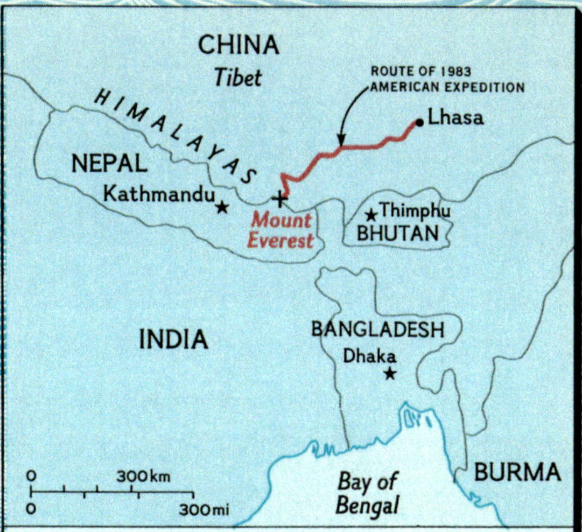

Wie eine riesige Pyramide erhebt sich der Mount Everest über die benachbarten Gipfel der Himalaja-Gebirgskette. Sie trennt Nepal von Tibet. Um die drei Seiten des Berges zu zeigen, zogen die Kartographen der National Geographic Society Techniker der Luftüberwachung von Chicago hinzu. Es wurde eine detaillierte Höhenlinienkarte erstellt, die mit Hilfe des Computers zum Betrachter hin „gekippt“ ist. Die Simulation der Vogelperspektive ist in dieser Art noch nie zuvor gelungen.

Die Ansicht zeigt auch die Routen verschiedener Expeditionen: In nordwestlicher Richtung verläuft die der amerikanischen Expedition (über die Ostflanke). Sie ist rot markiert. Eine der grünen Routen kennzeichnet die historische Erstbesteigung durch Sir Edmund Hillary und Tensing Norgay im Jahr 1953.

Seit der ersten Erforschung durch ein britisches Team 1921 hat der Everest das Leben von 62 Bergsteigern gefordert. 68 Gruppen aus 21 Nationen haben den Gipfel in Angriff genommen. Erfolgreich war unter anderem eine amerikanische Expedition im Jahr 1963, die hauptsächlich von der National Geographic Society finanziert wurde. Insgesamt haben bis heute 149 Bergsteiger, darunter auch vier Frauen, auf dem Gipfel in 8 848 Metern Höhe gestanden.

häuser, Straßen und Traktoren nichts ändern, für die der mächtige Nachbar, die Volksrepublik China, gesorgt hat. Mehr als 2000 Jahre Baukunst, Gelehrsamkeit und Religiosität haben Tibet geprägt. Vieles davon ist durch Eroberung und Bürgerkrieg zerstört worden.

Der Weg gewinnt Kontur

In Kharta heuern wir zwei tibetische Yakhirten an. Sie sollen uns innerhalb von vier Tagen auf Höhenlagen von 5100 Metern zum Kangshung-Gletscher führen. Wir verteilen unsere Ausrüstung und die Vorräte auf zwei Yaks. Ein drittes Yak beladen wir mit Trockenfutter für den Fall, dass die Tiere auf über 4800 Metern Höhe keine Nahrung mehr finden können.

Der landschaftlich reizvolle Weg von Kharta zum Kangshung-Gletscher ist uralt. Südlich von Kharta gelangt man zum Kama-Flusstal. Seit Jahrhunderten grasen Yakherden auf den saftigen Weiden. Als George Mallory 1921 die Ostflanke erforschte, folgte er dieser Route, obwohl er von Darjeeling und nicht von Lhasa aufgebrochen war. Ich besitze zwar keine Karte von seinen Reisen. Aber aus seinen Expeditionstagebüchern kenne ich die Namen zweier Pässe, den Shao La und den Langma La.

Oberhalb des Kama-Tals durchqueren wir dichte Rhododendronwälder. Schließlich gelangen wir auf eine Hochgebirgswiese. Es ist Ende September. Wir haben klares Wetter und können in der Ferne zwei schneebedeckte Gipfel sehen: den Chomolonzo und den Makalu. Am dritten Tag erreichen wir das untere Ende des Kangshung-Gletschers. Im Laufe des Vormittags umrunden wir einen Hang oberhalb des Gletschers. Unvermittelt erhebt sich vor uns die Ostflanke des Everest in ihrer ganzen gewaltigen, ewigen Pracht. Bald darauf weigern sich meine vier Begleiter, auch nur einen Schritt weiter zu gehen. Sie sagen mir nicht, warum. Aber ich spüre ihr Unbehagen. Vielleicht liegt es an der zunehmenden Höhe oder der fremden Umgebung. Sie können nicht verstehen, warum ich näher an den Berg heran will. Ob ich nicht alles Nötige von hier aus sehen könne?

Ich erkläre ihnen, dass ich die Beschaffenheit der Steilwand aus der Nähe untersuchen muss, um eine Route zum Gipfel zu finden. Selbst der erfahrene chinesische Bergsteiger schüttelt nur verständnislos den Kopf.

Mir fällt eine Passage aus Mallorys Tagebuch ein, die er unweit dieser Stelle notierte: «Man muss nur etwas genauer hinsehen, um sich klar zu machen, dass in Kürze andere, weniger kluge Männer diesen Weg in Angriff nehmen werden. Aber für uns kam das keinesfalls in Frage.»

Mallory hat die Erkundung des Everest fortgesetzt. Schließlich wählte er einen Zugang über den Nordostgrat. Dort kamen er und sein Gefährte drei Jahre später ums Leben.

Aber ich habe diese weite Reise nicht gemacht, um mich jetzt der Meinung eines anderen zu beugen. Ich muss selbst herausfinden, ob die Ostflanke tatsächlich unbezwingbar ist. Eilig packe ich ein Zelt und Lebensmittel für fünf Tage zusammen. Dann verabschiede ich mich von meinen Begleitern. Ich breche auf.

Zwei Tage später bin ich nicht mehr weit vom Fuß der Ostflanke entfernt. Ich habe klare Sicht auf die Felswand, deren unteres Ende höher liegt als die Spitze des Montblanc, des höchsten Gipfels Europas.

Das also ist die letzte große Wand des Everest, an die sich seit Mallory niemand mehr herangewagt hat. Die Geschichte der Eroberung des Berges ist voll von Hindernissen wie diesen: sei es in Gestalt einer Wand, seien es erbarmungsloser Wind und schlechtes Wetter, Lawinen, Eisbrüche oder einfach die gefährlich dünne Luft in großer Höhe. Jede Barriere trennt das Bekannte vom Unbekannten, und jede ist irgendwann überwunden worden. Diese Seite des Berges ist so lange unberührt geblieben, bis alle anderen Flanken erobert waren. Sie ist genau so steil, hoch und finster, wie ich sie mir vorgestellt habe.

Einsamkeit umfängt mich. Mehr und mehr fühle ich mich den britischen Forschern von 1921 in ihren Tweedanzügen und Nagelschuhen verbunden. Auch sie waren vom Fernweh getrieben, von dem Willen, zu den letzten unbekannten Winkeln der Erde vorzustoßen. Wie ich verspürten sie den Drang, bis an die Grenzen ihrer Belastbarkeit zu gehen.

Ich beginne mit der Erkundung des Berges. Dabei versuche ich meine anfängliche Furcht vor den Lawinen, die ständig darüber hinwegfegen, zu verdrängen. Zwei Tage lang beobachte ich, wie die Sonnenstrahlen über die Felswand wandern. Im langsamen Wechsel von Licht und Schatten zeigen sich Risse, Vorsprünge und

Spalten. Sie können mir einen Weg über diese glatte, abweisende Flanke zeigen. Bald zeichnet sich zart, aber deutlich eine Kammlinie ab. Sie zieht sich über 1 920 Höhenmeter durch den gefrorenen Mahlstrom der Lawinenhänge – vom Gipfelgrat bis hinunter zur Spitze der Felswand. Ich bemerke, dass die Kammlinie durch ihr Relief zum Teil vor den gefährlichen Lawinen geschützt ist.

In der Abenddämmerung des zweiten Tages schließe ich meine Beobachtungen ab. Nun bin ich sicher: Es gibt eine Route. Sie ist schwierig und gefährlich. Aber es ist möglich, ohne dabei leichtfertig das Leben aufs Spiel zu setzen.

Aus dieser Richtung wird der letzte bedeutende Vorstoß zum Gipfel des Mount Everest erfolgen. Die große Herausforderung ist jener Bergsteiger würdig, die den Berg in der Vergangenheit auf anderen Routen bezwungen haben.

Das Sonnenlicht wird immer schwächer. Also kehre ich um und mache mich auf den Rückweg zum Gletscher. Ich bin fest davon überzeugt, dass Amerikaner die Ostflanke des Everest wiedersehen werden.

Der Rest dieses Abenteuers ist in die Geschichte eingegangen. Im Jahr 1981 überwindet ein amerikanisches Team um Richard Blum aus San Francisco die Felswand. Bis zum Gipfel kommen sie nicht. Sieben der Bergsteiger kehren im Herbst 1983 mit einem zweiten amerikanischen Team unter der Leitung von Jim Morrissey zurück. Diese Gruppe erobert die Ostflanke und erreicht den Gipfel.

Als Mitglied beider Expeditionen konnte auch ich mich dieser historischen Herausforderung stellen, die mit einem Triumph endete. Ich glaube, dieser Sieg hätte George Mallorys Beifall gefunden.

Das inzwischen zerstörte tibetische Kloster in Xegar wurde 1922 von einer britischen Gruppe auf einer Erkundungstour zum Mount Everest fotografiert (**rechts**). Das prachtvolle Heiligtum wurde von einer oberhalb des Felsens gelegenen Festung beschützt. Xegar bedeutet auf Tibetisch „strahlender Kristall". Als Zentrum buddhistischer Gelehrsamkeit hatte das Kloster großen Einfluss. Es wurde von mehr als 400 Mönchen bewohnt.

Die Aufnahme (**rechts**) machte der Autor Andrew Harvard 1980. Sie dokumentiert die Zerstörung der Festung und des Klosters. Außer dem kleinen Dorf am Fuß des Berges blieb von Xegar nichts übrig. Die Bewohner sprechen nur ungern über das Schicksal des Ortes. Es gibt aber Hinweise darauf, dass das Kloster während des tibetischen Aufstandes 1959 von chinesischen Kommunisten verwüstet wurde. Möglicherweise ist es aber auch zur Zeit der Kulturrevolution (1966–1969) von den Roten Garden zerstört worden.

Die Ostflanke des Everest

Die Eroberung des Gipfels

Von James D. Morrissey

Es ist ein Wunder, dass wir alle überlebt haben – 13 Bergsteiger haben eine 1 070 Meter hohe Felswand bezwungen. An vielen Stellen ist sie so steil und heimtückisch, dass selbst Eis und Schnee kaum Halt darauf finden. Wir sind sogar zwei Mal hinaufgelangt: zuerst 1981, doch dann konnte der Aufstieg nicht fortgesetzt werden. Beim zweiten Versuch 1983 erreichten sechs Bergsteiger den Gipfel des Everest.

*Der große Felswall (**rechts**) erhebt sich in 5 430 Meter Höhe. An der vereisten Spitze ist er 6 500 Meter hoch. Nach unserem Teammitglied George Lowe nennen wir den Wall Lowe-Pfeiler. Jenseits der Wand thront der Gipfel des Everest (nicht im Bild), weitere 2 348 Meter über tückischen Graten und Schneefeldern. Der Lowe-Pfeiler verleiht der Ostflanke des Everest ihr Ehrfurcht gebietendes Aussehen. Ich habe eine lange Erfahrung als Bergsteiger: mehr als ein Vierteljahrhundert. Aber nirgends sind die Anforderungen an moderne Klettertechnik so hoch wie hier.*

*Jay Cassell erklettert eine Eiswand an der Pfeilerspitze (**links**). Durch Nebel und Schneegischt von den höher gelegenen Hängen werden Sicht und Sicherheit erheblich beeinträchtigt.*

Eine noch größere Bedrohung ist der Steinschlag. Daher tragen wir alle Schutzhelme. Trotz dieser Gefahren hat Jay ebenso wie wir fast 15 Kilo auf dem Rücken – Ausrüstung und Verpflegung für das Zwischencamp oberhalb des Pfeilers. Wir brauchen 28 Tage, um es aufzubauen. Für den Aufstieg von dort zum Gipfel dagegen benötigen wir nur zehn Tage.

WIR VERSUCHEN, *einen Lastenaufzug an der Felswand anzubringen. Dabei verziert ein Gewirr von Leinen* (**links**) *die Höhen des Pfeilers. Zuerst haben wir mehr als 1 200 Meter Seil im Fischgratmuster so auf dem Schnee ausgelegt, dass es leicht ablaufen kann. Das Ende befestigen wir dann an einer kleinen Rakete. Diese Art von Geschoss wird normalerweise auf See verwendet, um Leinen ans Deck eines anderen Schiffes zu schießen. Beim ersten Versuch prallt die Rakete an den Felsvorsprüngen ab. Von einer tiefer gelegenen Stelle aus gelingt es. Dann können wir eine Seilwinde anbringen, die unser Ingenieur John Boyle entwickelt hat. Die 5-PS-Maschine kann Lasten von 40 Kilo fast 300 Meter an dem Pfeiler emporziehen. Von einem höher gelegenen Punkt aus zieht eine kleinere Winde die Vorräte und Ausrüstung noch einmal 200 Meter weiter. Insgesamt wird so mehr als eine halbe Tonne Fracht über die Wand transportiert. Diese beiden Aufzüge ersparen uns wertvolle Zeit und Kraft.*

Kim Momb (**oben rechts**) *sichert eine ankommende Ladung am oberen Ende der Motorwinde. George Lowe* (**rechts**)*, einer unserer stärksten Kletterer, wirft sich in Pose. Er hat nichts als Luft unter sich. Zu seinen Füßen hängen die Sauerstoffbehälter für den letzten Abschnitt des Gipfelsturms. Entscheidend für den Erfolg am Everest sind allerdings nicht in erster Linie Sauerstoff oder mechanische Hilfsmittel – sondern vor allem Teamarbeit.*

Am Rande des Abgrunds bewegt sich ein Bergsteiger vorsichtig auf dem nur 60 Zentimeter breiten Grat vorwärts. Weit darunter liegt der Kangshung-Gletscher. Ein falscher Schritt, eine Schwachstelle in der Sicherung – und er stürzt 460 Meter in die Tiefe. Über diesen Grat ist die große Seilwinde mit der kleinen verbunden. Es kostet uns mehrere Tage, die 15 Kilo schweren Rucksäcke mit Vorräten und Ausrüstung darüber hinweg zu transportieren.

ANGESEILT IN DER LUFT hängend, kämpft David Cheesmond (**links**) mit einem Felsvorsprung nahe dem oberen Ende der Wand. Bei unserem Abstieg 1981 haben wir die Kletterseile und -haken an Ort und Stelle gelassen. Zwei Jahre später dienen sie nun als doppelte Sicherung beim Aufstieg. Als Erster ist dieses Mal Kim Momb an der Reihe. Dabei hat er die alten Seile benutzt, um neue zu befestigen.

Jedes Teammitglied ist unersetzlich: Der Medizinstudent Geoffrey Tabin untersucht zum Beispiel unsere Augen auf Blutungen, die in großen Höhen auftreten können. Carl Tobin erweist sich als ausgezeichneter Eiskletterer. Chris Kopczynski bringt seine Erfahrungen aus einer früheren Gipfelbesteigung des Everest ein.

Am 25. September errichten wir unser letztes Lager (**rechts**). Es liegt am Pfeiler auf einem schmalen Felsvorsprung. Wir taufen es Pinsetter-Camp. Es befindet sich direkt oberhalb der so genannten Kegelbahn. Hier ist kaum genügend Platz für ein Zweimann- und ein Vorratszelt. Dreieinhalb Wochen und 600 Höhenmeter liegen hinter uns. Nun sind es noch 2 800 Meter bis zum Gipfel. Die Kletterbedingungen ändern sich, als wir die Steilwand bezwungen haben und in höher gelegene Regionen mit Eis und Schnee kommen. Dort geht die Gefahr nicht mehr vom Steinschlag aus, sondern von Lawinen.

Ohne einen Blick für die majestätischen Berge kämpfen sich die Bergsteiger in 7 300 Metern Höhe über die Hänge oberhalb des Pfeilers. Zum ersten Mal überhaupt gelingt allen Mitgliedern eines Teams der Aufstieg über diese Wand. Doch wir haben noch einiges vor uns: Wir müssen zwei weitere Lager aufbauen und ausrüsten.

*A*UF DEM GIPFEL *streckt Carlos Buhler triumphierend seinen Eispickel in die Luft (***rechts***). Es ist der 8. Oktober 1983, fünfeinhalb Wochen nach unserem Aufbruch vom Fuß des Pfeilers. Carlos erreicht den 8 848 Meter hohen Gipfel zusammen mit seinen Teamgefährten Kim Momb und Louis Reichardt. Auf ihrer letzten Etappe (***links***) folgen sie der Route der Erstbesteigung durch Sir Edmund Hillary und Tensing Norgay.*

Am 9. Oktober erreichen drei weitere Mitglieder unseres Teams den Gipfel: George Lowe, Daniel Reid und Jay Cassell. Am 10. Oktober bricht ein schwerer Sturm herein, sonst wäre die Liste der Namen länger – auch mein eigener wäre dann dabei. Aber das Risiko ist zu groß.

Unsere Freude über den Erfolg wird vom Tod zweier japanischer Bergsteiger und eines Sherpa überschattet. Sie hatten den Gipfel von der nepalesischen Seite aus erreicht, fast gleichzeitig mit uns. Gerade als sie den Abstieg begonnen haben, stürzen alle drei ab. Der Sherpa fällt genau an Louis Reichardt vorbei in den Tod. Es ist ein Anblick, den er nie vergessen wird.

Die Leistungen unseres Teams sprechen für sich. Wir haben das Wissen der Menschen über den höchsten Gipfel der Welt um eine neue Route erweitert – nur wenige hielten das für möglich.

Ein gefährdetes Erbe

Der mächtige Himalaja

Von Barry C. Bishop
Vizepräsident der Forschungskommission der National Geographic Society
Fotos von William Thompson

Der Wächter des Everest: Der 6 856 Meter hohe Ama Dablam wurde 1961 zum ersten Mal bestiegen – vom Autor. Der Name bedeutet „Mutters Schatzkiste". Er bezieht sich auf den Halsschmuck der Sherpa-Frauen. „Mutters Schatzkiste" ist eine verschneite Ausbuchtung dicht unterhalb des Gipfels. Sie wird von einem überhängenden Gletscher geformt.

ES IST DER ERSTE WEIHNACHTSFEIERTAG im Jahr 1984. Im Fenster des Learjet spiegelt sich mein Gesicht, starr wie ein gerahmtes Porträt. Wir kreisen im Uhrzeigersinn um den dritten Pol der Erde – den Gipfel des Mount Everest. Drei Kilometer trennen Flugzeug und Gipfel voneinander. Die Luft in 11 000 Metern Höhe ist kristallklar. Die scharfen Grate scheinen zum Greifen nah. Von hier oben wirkt der Berg so freundlich. Aber das täuscht. Draußen beträgt die Lufttemperatur lähmende 36 Grad unter Null. Der Westwind peitscht die Hänge mit 240 Kilometern in der Stunde.

Gebannt schaue ich auf das unglaubliche Panorama unter mir. Gleichzeitig holt mich die Erinnerung an die Stunden vor einem Vierteljahrhundert wieder ein: Damals erreichte ich als Teilnehmer der ersten amerikanischen Mount-Everest-Expedition den Gipfel des Everest in 8 848 Metern Höhe. Wir hatten Glück. Es war ungewöhnlich ruhig. Das Wetter war nur miserabel, nicht verheerend.

«Wir müssen jetzt abbrechen, die Sonne geht gleich unter», sagt Kapitän Bernt Herrlin über die Sprechanlage. «Noch eine Serie», ruft Fotograf Bill Thompson zurück, «das Licht ist fantastisch!» Wir genießen einen letzten Blick auf die rosafarbenen Gipfel. Dann dreht Bernt nach Südwesten ab, in Richtung Kathmandu.

Die Götter des Himalaja haben uns heute und in der vergangenen Woche klares Wetter geschenkt. Wir können die letzten Luftaufnahmen vom Everest aus großer Höhe machen. Ich gehöre zu einem Team, das der Gebirgskartograph Dr. Bradford Washburn zusammengestellt hat. Er ist Ehrendirektor des Naturwissenschaftlichen Museums in Boston. Thompson hat Recht – das Licht ist fantastisch! Der Anblick unberührter Schönheit und Größe ist überwältigend – aber leider auch trügerisch.

Denn gerade wegen dieser Pracht gibt es am Everest und im Himalaja heute viele Probleme. Bis vor 30 Jahren hatten vielleicht einige Dutzend Ausländer ihren Fuß ins Gebiet um den Everest gesetzt. Heute kommen jedes Jahr fast 250 000 ausländische Besucher nach Nepal – Trekker, Bergsteiger, Touristen. Die Behörden von Nepal hoffen, dass es in zehn Jahren eine Million sein werden.

Seite 223/224:
Majestätisch wachen vergletscherte Gipfel über die Südgrenze des Sagarmatha-Nationalparks in Nepal. Ganz vorn sieht man den Kyashar, dann folgen im Uhrzeigersinn Thamserku, Kangtega und – weit im Hintergrund – Tawoche. Alle Berge sind über 6400 Meter hoch.

Im Jahr 1976 wurde der Sagarmatha-Nationalpark in Nepal eröffnet. Um die Region zu schützen, soll das momentan 1 243 Quadratkilometer große Gebiet erweitert werden: auf 3 885 Quadratkilometer. Aber das heißt auch, dass nun noch mehr Touristen kommen. Die chinesische Regierung will ebenfalls zwei bestehende Reservate in Tibet auf ein 10 360 Quadratkilometer umfassendes Gebiet ausdehnen. Damit würde eines der größten Naturschutzreservate der Welt entstehen.

«Wir haben ein neues Sprichwort», erzählt Hemanta Mishra, ein befreundeter Ökologe aus Nepal. Er ist Mitglied der König-Mahendra-Stiftung für Naturschutz unter dem Vorsitz des Prinzen von Nepal. «Heute gibt es drei Religionen in Nepal: Hinduismus, Buddhismus und Tourismus.» Die Touristen bringen dringend benötigte Devisen ins Land. Derzeit hat Nepal 18 Millionen Einwohner. Die Bevölkerungszahl steigt rapide. Das jährliche Pro-Kopf-Einkommen ist mit 160 Dollar weltweit eines der niedrigsten. «Umweltethik ist diesen Leuten nur schwer zu vermitteln», sagt ein anderer nepalesischer Freund. Das ist heute ein wichtiges Anliegen der nepalesischen Regierung.

Über sieben Prozent des Staatsgebiets werden von Nationalparks und Reservaten eingenommen. Zuletzt entstand das 2 590 Quadratkilometer große Annapurna-Reservat. Es wird von der König-Mahendra-Stiftung in Zusammenarbeit mit der lokalen Bevölkerung verwaltet. Der größte Teil der Einnahmen geht direkt an die Dorfbewohner.

Monsunzeit in den Tälern des nördlichen Bhutan: Hier, am östlichen Ende des Himalaja, findet man noch eine nahezu unberührte Landschaft. Denn seit 1974 hat nur eine begrenzte Anzahl an Touristen Zutritt zu diesem Gebiet.

Viele Waldflächen im Himalaja werden für Feuerholz gerodet. Dadurch wird das ökologische Gleichgewicht der Region zunehmend bedroht. Von jeher schlagen die Bergbewohner und die Sherpas hier Holz zum Heizen und Kochen. Aber die Bevölkerung wächst und der Tourismus nimmt zu. Jeder Trekker hat ein Gefolge von Trägern, Köchen und Führern dabei. Alle zusammen verbrauchen so viel Holz wie zehn Sherpas. Die Folgen für die Wälder sind verheerend.

Heute müssen die Touristen ihr eigenes Brennmaterial mitbringen. Meist verwenden sie Butangas oder Kerosin. Kleine Wasserkraftanlagen in zwei der größeren Dörfer bringen etwas Entlastung. Mit dem Schutz der Wälder sind Beamte beauftragt. Vielerorts sind sie aber selbst in den Holzgroßhandel eingestiegen. Ein Ausländer stellt fest: «Nur starke Politiker können der Versuchung widerstehen, diese Ressource zu plündern.»

Die Besucher hinterlassen eine Menge Müll im Himalaja. Die Folgen sind eher hässlich als schädlich: Entlang der Wege liegen Streifen von Toilettenpapier. Die Sherpas bezeichnen sie als „Gebetsfahnen des weißen Mannes“.

Ein amerikanischer Freund hat die nepalesische und die tibetische Seite des Gebirges bereist. Er erinnert sich an die Haltung, die Amerikaner gegenüber ihrem eigenen Land früher hatten: «Als Kind hörte ich oft: Wir haben den Westen erobert. Wir haben die Berge und die Pole erobert. Überall wo wir hinkamen, wurde erobert. Dabei haben wir mehr zerstört als erhalten. Um Gottes willen, wir sollten jetzt nicht auch noch den ganzen Himalaja erobern!»

Sir Edmund Hillary teilt diese Meinung. Er ist inzwischen 69 Jahre alt. Mit dem Sherpa Tensing Norgay erreichte er am 29. Mai 1953 als Erster den Gipfel des Everest. Schon in den 1920er- und 1930er-Jahren hat der Everest britische Bergsteiger herausgefordert. Sie scheiterten. Der Bekannteste von ihnen war George Leigh Mallory. Im Jahr 1924 verschwand er mit seinem Partner Andrew Irvine in der Nähe des Gipfels. Noch im Jahr zuvor war Mallory gefragt worden: «Warum wollen Sie den Everest besteigen?» Die berühmte Antwort lautete: «Weil er da ist.»

Nach Hillarys Ansicht haben Forscher eine Verpflichtung. Sie geht weit darüber hinaus, Entdeckungen zu machen. Hillary hat sie erfüllt: In den vergangenen 25 Jahren hat die von ihm gegründete Stiftung 26 Schulen, zwei Krankenhäuser und ein Dutzend Polikliniken im Himalaja errichtet. Dazu kamen unzählige Brücken und Wasseranlagen. Sir Hillary war auch die treibende Kraft bei der Gründung des Sagarmatha-Nationalparks.

China und Nepal bemühen sich, die wirtschaftliche Entwicklung voranzubringen. Seit kurzem gibt es eine direkte Flugverbindung zwischen Lhasa und Kathmandu. Es ist eine Erleichterung für die Touristen. Nepal plant mehrere Staudämme im Arun östlich des Everest. China erwägt einen Damm in der großen Biegung des Brahmaputra. Hier könnte das weltweit größte Wasserkraftwerk entstehen.

Nepal: Eine historische Entscheidung

Nepal steht nach wie vor im Zentrum des Interesses. Gleichzeitig ist es Schauplatz harter Auseinandersetzungen zwischen Umweltschützern und Vertretern kommerzieller Interessen. Das erklärte Ziel der König-Mahendra-Stiftung ist es, «zu zeigen, dass Naturschutz nicht im Widerspruch zur Befriedigung menschlicher Grundbedürfnisse stehen muss».

Diese Grundbedürfnisse werden in Nepal zunehmend berücksichtigt. Früher war die Geißel des subtropischen Tieflands Malaria. Inzwischen hat man sie weitgehend unter Kontrolle gebracht. Bestimmte Gegenden wurden für die Landwirtschaft erschlossen. Allerdings auf Kosten der ausgedehnten Hartholzwälder. Auch der Straßenbau geht voran. Aber der Einsatz von Bulldozern führt zur Erosion steiler, instabiler Hänge.

Kürzlich hat Nepal eine historische Entscheidung getroffen: Ein beträchtlicher Prozentsatz der staatseigenen Wälder wird zur Nutzung und

Bewirtschaftung an die Einheimischen zurückgegeben. Ich bin sicher, dass die Bergbewohner Nepals ihre natürlichen und menschlichen Ressourcen schützen und erhalten werden. Man muss ihnen nur die Gelegenheit dazu geben. Sie haben eine traditionelle, dem Land eng verbundene Lebensweise. Daher wissen sie genau, welchen langfristigen Nutzen umweltpolitische Grundsätze haben.

Die Schutzmaßnahmen für die Tierwelt im Sagarmatha-Park haben sich bereits als erfolgreich erwiesen. In den 70er-Jahren waren einige Arten fast ausgerottet. Dazu gehörten auch der Moschushirsch und der Tahr, eine Art Wildziege. Heute kann man sie vereinzelt wieder finden.

Die Hänge des vorderen Himalaja sind baumlos und terrassiert. Dadurch sind sie Bodenerosion und der Zerstörung durch Erdbeben ausgesetzt. Sie sind von zahlreichen Flüssen durchzogen und stellen die Ressource des Landes dar: Energie durch Wasserkraft.

Wie sieht die Zukunft der Himalaja-Region aus? Einige glauben, dass alle Probleme Nepals durch Finanzkraft und Hochtechnologie gelöst werden können. Andere meinen, dass es für die Natur des Himalaja keine Hoffnung gibt. Ich vermute, die meisten teilen meine tiefe Sorge ebenso wie meinen vorsichtigen Optimismus.

Seit Jahrhunderten sind die Menschen von der majestätischen und geheimnisvollen Ausstrahlung des Gebirges fasziniert. In einer alten Hinduschrift heißt es: «Wie die Sonne den Morgentau trocknet, so verschwinden die Sünden der Menschen beim Anblick des Himalaja.»

Habgier und Gleichgültigkeit dürfen dieses Erbe nicht zerstören. Diese Wunder der Natur und der Lebensraum dieser erdverbundenen Völker müssen für kommende Generationen erhalten werden.

Man fragt sich vielleicht, warum sie uns überhaupt am Herzen liegen sollten. Mallory würde sagen: «Weil sie da sind.»

Gefährdeter Himalaja

VON LARRY KOHL

Leitender Redakteur bei NATIONAL GEOGRAPHIC

FOTOS VON WILLIAM THOMPSON UND GALEN ROWELL

IM OSTEN des Everest liegt am Fluss Kama eine unberührte Wildnis. Dort wird heute eine bittere Ernte eingefahren: Tibets kostbarste Ressource, der Gebirgswald, wird abgeholzt. Hier, wo 20 Meter hohe Rhododendronbäume zwischen Wacholder und Lärchen wachsen, finden sich große Flächen mit Baumstümpfen. Holzstapel stehen zum Abtransport bereit.

Nur in wenigen Gebieten Südtibets fällt ausreichend Regen für den Waldwuchs. Es sind Flusstäler, in die der Monsun über die natürliche Grenze des Himalaja gelangen kann. Naturschützer sind davon überzeugt, dass diese Täler den Tieren einzigartige Zufluchtsorte bieten. Trotzdem soll das gesamte Kama-Tal zur Gewinnung von Baumaterial abgeholzt werden.

Die tibetische Seite der Himalaja-Gebirgskette ist dünn besiedelt und weit von Handelswegen entfernt. Sie ist hohem ökologischen Druck ausgesetzt. Als Quelle von Indus, Ganges und Brahmaputra ist die Wasserscheide des Himalaja lebenswichtig für Hunderte Millionen von Menschen auf dem indischen Subkontinent. Dieses Ökosystem ist in höchstem Grade gefährdet, da die Bewohner den Wald für die Gewinnung von Brennholz, Baumaterial und Ackerland immer weiter roden.

Im Süden des Everest, in Nepal, ist die Situation noch bedrohlicher. Dort wird das Problem durch die wachsende Flut von Touristen verschärft, die Brennstoff verbrauchen.

Die Last des Fortschritts: Tibetische Frauen bringen Bauholz aus dem Kama-Tal nach Kharta. Der Transport dauert fünf Tage. Die Frauen in Tibet leisten von jeher schwere körperliche Arbeit. Obwohl das Holz hier in

Maßen geschlagen wird, ist diese einst unberührte Waldgegend stark bedroht. Aufgrund wachsender Bevölkerungszahlen in Lhasa und anderen Städten erwägt die Regierung den Bau einer großen Straße in das Tal.

Wiederaufbau zerstörter Klöster

Als der Sturm der chinesischen Kulturrevolution auch Tibet erreichte, zwangen die Roten Garden die Tibeter zur Vernichtung ihres religiösen Erbes. Mehr als 6 000 lamaistische Klöster wurden zerstört. Das Kloster Rongbuk wurde bei einer dieser Säuberungswellen in den frühen 70er-Jahren vollständig verwüstet.

Im Jahr 1981 sucht der Fotograf Galen Rowell das geplünderte Kloster (**rechts**) auf. Es ist voller Abfall von den internationalen Kletterexpeditionen. Zu dieser Zeit finden in China sanfte Reformen statt. Die Regierung erklärt, dass damals ein Fehler begangen wurde. Die Tibeter dürfen einige ihrer Klöster wieder aufbauen. Eine buddhistische Nonne (**unten**) hat Rongbuk nie verlassen. Sie überlebte jahrelang in einer nahe gelegenen Höhle.

Heute ertönen wieder die Gesänge der Mönche. Auch wenn hier weniger Geistliche leben als früher. Das am höchsten gelegene Kloster der Welt erhebt sich vor dem Panorama des Everest (**unten rechts**).

Ein Pass auf der Ostseite des Berges trägt den Namen Changri La. Einem Gerücht zufolge diente Rongbuk als Vorlage für Shangri-La – das Kloster in James Hiltons Roman „Lost Horizon" aus dem Jahre 1933. Hilton siedelte seine Geschichte zwar nicht in Rongbuk an. Denkbar ist aber, dass ihn die unglückseligen Expeditionen des Alpinisten George Mallory in den 20er-Jahren inspirierten: Der Ort war das Basislager seiner Expeditionen – sie beflügelten die Fantasie von Bergsteigern auf der ganzen Welt.

Als der Everest 1953 schließlich bezwungen wurde, geschah dies von der nepalesischen Seite aus. Die erste erfolgreiche Besteigung von Norden aus gelang einer chinesischen Expedition im Jahr 1960.

Dienstleistung in einem gefährdeten Gebiet

Ununterbrochen werden die Holzöfen in den Touristenunterkünften des Sagarmatha-Nationalparks befeuert. Mit der Verpflegung der stetig anwachsenden Touristengruppen und ihrer Träger sind die Sherpas hier und in der umliegenden Khumbu-Region meist überfordert. Sie verlassen sich auf primitive Öfen und den schwindenden Vorrat an Brennholz.

In der Nähe des Eingangs zum Park, 300 Meter oberhalb des Sherpadorfes Namche Basar, werden japanische Ingenieure bald eine alte Start- und Landebahn wieder herrichten. Auch ein von Japanern betriebenes Hotel am darüber liegenden Berghang – mit Blick auf den Mount Everest (**Hintergrund**) – soll renoviert werden. Der Flugverkehr erleichtert den Transport von Parkbesuchern und Waren aus Lukla, 24 Kilometer weiter südlich.

Der Tourismus ist Nepals wichtigste Devisenquelle. Daher plant die Regierung, größere Besucherzahlen im Nationalpark zuzulassen. Einige Naturschützer kämpfen gegen Wiedereröffnung der Landebahn. Sie befürchten, dass der erleichterte Zugang zu viele Besucher anziehen und die Belastung der Umwelt weiter verstärken würde.

Der Himalaja als Müllhalde

Abfall und Rupien säumen den Weg nach Shangri-La. Tausende Besucher aus den Industrienationen wollen hier das ultimative Abenteuer erleben: eine Trekkingtour zum Everest. Annehmlichkeiten des Westens erwarten nur wenige von ihnen. Doch genau diese finden sie in den Hütten von Namche Basar vor. Das Dorf war früher ein bedeutender Handelsplatz an der Route über den Nangpa-Pass nach Tibet. Heute ist es eine expandierende Trekkingstadt auf dem Weg von Lukla zum Basislager am Everest. Einige Gästehäuser bieten umfangreiche Speisekarten und Zimmer mit Dusche.

Als sich Edmund Hillary und Tensing Norgay 1953 vor ihrer Erstbesteigung des Everestgipfels im Basislager aufhielten, standen hier noch große Wälder. Heute sind sie fast alle verschwunden.

Die Zahl der Touristen in Nepal ist inzwischen von weniger als 10 000 im Jahr 1960 auf fast 250 000 gestiegen. Die Regierung strebt eine Vervierfachung dieser Zahl bis zum Jahr 2000 an. Von den 50 000 Reisenden, die es zur lang gestreckten Himalaja-Grenze des Königreichs zieht, besuchen etwa 10 000 den Sagarmatha-Nationalpark. An die 40 Trekkingagenturen beschäftigen 6 000 Einheimische. Die meisten von ihnen verdienen mehr als das Doppelte des durchschnittlichen Pro-Kopf-Einkommens in Nepal. Es beträgt 160 Dollar im Jahr. Früher war die Arbeit als Träger den Sherpas vorbehalten. Heute wird sie auch von anderen Nepalesen übernommen, wie von diesem Mann, der gerade seine Einnahmen zählt (**rechts**).

Die Menge an Abfall, die von den Trekkern hinterlassen wird, hat erschreckende Ausmaße angenommen. Unrat säumt mitlerweile die

Wege von Lukla nach Namche Basar und bis zum Basislager des Everest in 5 460 Meter Höhe. Dort beenden die meisten Trekker ihre Tour. Weiter oben haben Heerscharen von Bergsteigern auf dem South Col die höchste Müllkippe der Welt geschaffen.

Eine Zeit lang betrachteten einige Einheimische die Abfallberge als Statussymbol: Sie waren ein Zeichen von Wohlstand und des Zugangs zu Waren aus dem Westen. Inzwischen entsorgen auch sie diesen Müll in Gruben.

Viel größere Sorgen bereiten Wissenschaftlern die Auswirkungen des unaufhaltsamen Bevölkerungswachstums auf die Umwelt. Als eine der ärmsten Nationen der Welt bemüht sich Nepal um alternative Energiequellen für seine 18 Millionen Einwohner – bislang weitgehend erfolglos. Die Hochlandbewohner roden nach wie vor Bäume und Sträucher. Manchmal ziehen sie sie mit der Wurzel heraus. Das unvermeidliche Ergebnis ist die rapide Erosion des Mutterbodens. Wird er einmal abgetragen, ist er für immer verloren.

Kraftwerke für geringen Stromverbrauch

Nepalesische Träger bringen Licht zum Dach der Welt (**rechts**). In einem strapaziösen dreitägigen Aufstieg haben sie das vierte 200 Meter lange Starkstromkabel von Lukla nach Namche Basar transportiert. Die Kabel werden unter der Erde verlegt. Sie werden an ein kleines, 1988 in Betrieb genommenes Wasserkraftwerk angeschlossen. Der Strom wird das entsagungsvolle Leben der 50 Mönche im Kloster Thjangboche in der Nähe von Namche Basar erleichtern.

Der nepalesische Ingenieur Girish Kharel (**linkes Bild, links**) und der Projektleiter Broughton Coburn aus den USA untersuchen die Einlassgitter, durch die das Gletscherwasser von Kangtega und Thamserku (**im Hintergrund**) zu einem Auffangbecken fließt. Von dort fällt es durch ein 90 Meter langes Rohr und betreibt die kleine Turbine des flussabwärts gelegenen Kraftwerks. Die Anlage ist so einfach konzipiert, dass sie mit nur 50 Säcken Zement gebaut werden konnte. Das System erfordert nur wenig Wartungsaufwand. Es erzeugt aber auch nur 22 Kilowatt Strom. Diese Menge würde für die Versorgung von vier amerikanischen Haushalten ausreichen.

Die Mönche von Thjangboche teilen ihren Strom vernünftig ein und verkaufen den Überschuss an einige nahe gelegene Gästehäuser. Niedrigwatt-Birnen verbrauchen vier Prozent, Heizgeräte und -spiralen zum Kochen und Erhitzen von Wasser den Großteil des restlichen Stroms (**unten rechts**).

Eine weitere Wasserkraftanlage erzeugt 25 Kilowatt für die nächtliche Straßenbeleuchtung in Namche Basar. Es ist jedoch nicht genug, um das Feuerholz zum Kochen zu ersetzen.

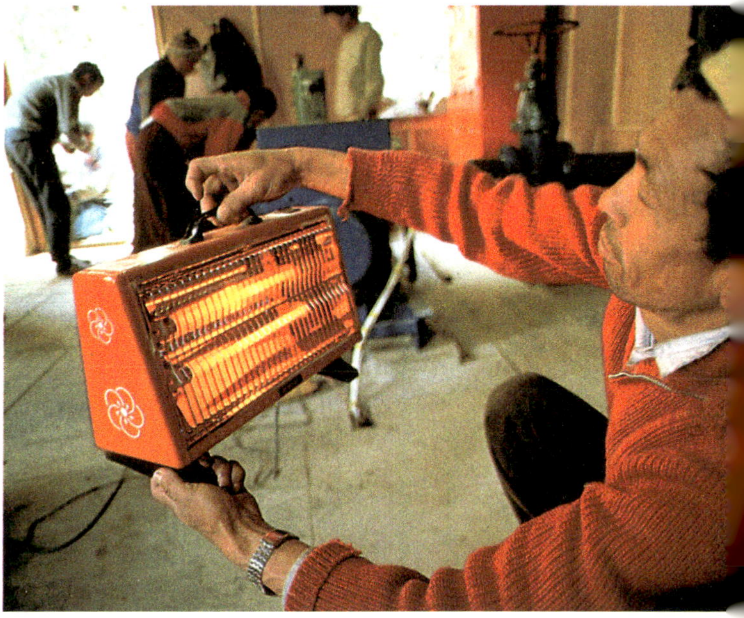

Terrassenbau und Erosion
Aus Schwindel erregender Höhe südwestlich des Sagarmatha-Nationalparks sind terrassierte Hänge (**links**) zu sehen. Sie reichen bis auf fast 1 000 Meter hinauf. Da sich die Besiedlung des Hochlands kontinuierlich ausweitet, klettern auch die Terrassen immer höher: an manchen Stellen bis zu den Bergkämmen.

Viele Wissenschaftler beklagen den Verlust der Walddecke. Sie hat den Boden auf solchen Hängen stabilisiert. Andere behaupten, dass in erster Linie die fortwährenden tektonischen Erhebungen des vergleichsweise jungen Gebirgszuges diese Art von Erdrutsch bewirken. Ein solcher Erdrutsch hat auch einen anderen Berghang in derselben Region verwüstet (**oben**).

Bedrohter Lebensraum

Am Rande eines Urwalds im Schatten des Makalu, eines 8 481 Meter hohen Gipfels im Osten des Everest, sammelt eine Frau Holz an einem Berghang. Er wurde abgebrannt und ist für den Hirseanbau vorgesehen. Brandrodung ist illegal und hat weit gravierendere Folgen als der Terrassenbau: Sie ist der Auslöser für die rasche Erosion des Mutterbodens von den Berghängen. Das hat besonders dort fatale Folgen, wo im Jahr über 4 000 Millimeter Regen pro Quadratmeter fallen.

Durch die Abholzung der Wälder wird die Tierwelt Nepals in immer kleinere Lebensräume abgedrängt. Ein solches Habitat ist das Barun-Flusstal südlich des Makalu. Aber auch hier sind seltene und bedrohte Tierarten nicht sicher: Wie dieser Dorfbewohner mit seinem Vorderlader gehen viele ungestraft auf die Jagd (**oben**).

Ein begehrtes Naturprodukt

Der Sagarmatha-Nationalpark ist eines der wenigen Gebiete in Nepal, in denen die meisten Tiere vor den Gewehren der Wilderer sicher sind. Ein Forscher entnimmt einem betäubten Moschushirsch etwas Moschus, kostbare Handelsware für die Parfümhersteller in Asien. Er ist leicht aus einer kleinen Drüse nahe der Harnröhre zu entnehmen. Knapp 30 Gramm produziert ein ausgewachsenes Tier. Diese Menge kann auf dem internationalen Markt 200 Dollar einbringen. Das ist mehr als das durchschnittliche Jahreseinkommen in Nepal. Es ist daher kein Wunder, dass der Moschushirsch inzwischen fast im gesamten Himalaja ausgerottet ist. Nur die Männchen mit ihren stoßzahnähnlichen Hauern (**rechts**) produzieren die Substanz. Sie wird von den Chinesen als Volksmedizin und Duftstoff mit angeblich aphrodisischen Eigenschaften hoch geschätzt.

Schutzraum für Flora und Fauna

Der Sagarmatha-Nationalpark ist ein Zufluchtsort für viele gefährdete Arten Nepals. Trotz seiner übrigen Probleme hat sich der Park im Tierschutz als sehr erfolgreich erwiesen. Hier wachsen die Populationen einiger Tierarten wieder. Zu ihnen gehören der Moschushirsch und der Himalaja-Tahr (**oben**). Der Tahr ist ungefähr so groß wie eine Schneeziege. Mit ähnlicher Leichtigkeit meistert er die schroffen Felsen der wilden Parktäler (**rechts**).

Nepals Nationalvogel, der Glanzfasan (**links**), ist nicht nur als Wildbret beliebt. Er stellt auch eine Plage für die Bauern dar. Mit seinem kräftigen Schnabel verwüstet er ihre Felder. Daher wurde er außerhalb des Parks stark dezimiert. Im Sagarmatha-Park dagegen tönen seine wilden Schreie durch große Rhododendronhaine. Die Rhododendronblüte (**oben links**) ist Nepals Nationalblume.

Damit das gesamte Ökosystem überleben kann, müssen vor allem die Wälder des majestätischen Himalaja erhalten bleiben.

Geheimnis am Everest

Wie ich den Leichnam des seit 75 Jahren verschollenen George Mallory fand

ES IST EIN HELLER, kalter Morgen am Mount Everest. Das Sonnenlicht kommt über den Nordostgrat und lässt die dünne Luft in 8 000 Metern Höhe wärmer scheinen, als es ist. Es sind minus 18 Grad. 2 000 Meter weiter unten, am Rongbuk-Gletscher in Tibet, glitzern Pfützen von Schmelzwasser.

Etwa eine Stunde später finde ich westlich der Standardroute am Nordostgrat zwei Leichen. Beide sind grotesk verrenkt. Das lässt darauf schließen, dass sie tief gestürzt sind. Ihre Kleidung ist modern. Sie müssen innerhalb der letzten Jahrzehnte umgekommen sein. Dies sind nicht die Bergsteiger, die ich suche.

Es ist der 1. Mai 1999. Ich nehme an einer Expedition teil, die ein besonderes Ziel verfolgt. Wir suchen nach Hinweisen auf das Schicksal

Mitglieder der Mallory-Irvine-Suchexpedition begutachten ein Zelt (**oben**). Es stammt wahrscheinlich von einer britischen Expedition. Sie versuchte 1933 vergeblich, die Überreste der Bergsteiger zu finden. Im Jahr 1999 findet das Team um Conrad Anker auf etwa 8 600 Metern Höhe eine Sauerstoffflasche. Es ist ein Beweis für Mallorys und Irvines Vorstoß zum Gipfel.

*Am 6. Juni 1924 machten sich George Leigh Mallory (***links***) und Andrew Irvine mit Sauerstoffgeräten von Camp IV am Everest auf den Weg. Zwei Tage später verschwanden sie in einer Wolkenbank. Waren sie die Ersten, die auf dem Gipfel des Everest standen? Die Entdeckung von Mallorys Leichnam beantwortet einige Fragen – aber das Geheimnis bleibt.*

Von Conrad Anker

von George Mallory und Andrew Irvine. Die beiden legendären britischen Bergsteiger sind am 8. Juni 1924 am Nordostgrat verschwunden. Nicht weit davon entfernt entdeckte ein britisches Team 1933 einen Eispickel, der vermutlich Irvine gehörte. 1975 stieß der Chinese Wang Hongbao in der Nähe auf einen verwitterten Leichnam. Er beschrieb ihn als „englisch".

Zunächst untersuche ich das untere Ende der Terrasse. Dann nehme ich meine Steigeisen ab. Ich will mir einen steilen Geröllhang ansehen. Ein schneearmer Winter hat ihn freigelegt. Dort fällt mir ein weißer Fleck ins Auge, hell wie Marmor. Es ist ein menschlicher Leichnam. Gebleichte weiße Haut, ein Nagelschuh, ein geflochtenes Kletterseil – kein Nylon.

Aufgrund der großen Höhe bin ich benommen. Deshalb erkenne ich nicht sofort, wer es ist. Ich setze mich neben den Toten und untersuche den zerfetzten Saum seines Wollpullovers und seiner Windjacke aus Baumwolle. Er liegt auf dem Bauch, mit dem Kopf zum Berg. Beide Arme sind ausgestreckt. Das linke Bein liegt quer über dem gebrochenen rechten. Erst allmählich wird mir klar: Es ist einer der beiden Männer, nach denen wir suchen.

Da andere Bergsteiger auf unserer Funkfrequenz mithören können, haben wir vereinbart, unsere Nachrichten verschlüsselt zu senden. «Als ich das letzte Mal in Nagelschuhen klettern wollte, wäre ich fast abgestürzt», melde ich Jake Norton, Dave Hahn, Andy Politz und Tap Richards. Kurz darauf sind alle an der letzten Ruhestätte George Mallorys versammelt.

Die stets eleganten Engländer Mallory (oben links) und Irvine schlossen sich zusammen, um Mallorys Erfahrung am Everest und Irvines Routine im Umgang mit Sauerstoffflaschen zu nutzen. Für Mallory war diese Expedition zum Gipfel der dritte Versuch in vier Jahren. «Wir müssen es diesmal bis oben schaffen», schrieb er an seine Schwester. Die Sauerstoffflasche und der Eispickel, der 1933 gefunden wurde, legen nahe, dass Mallory und Irvine bis zum First Step kamen. Sie waren aber immer noch unterhalb des gefährlichen Second Step, einer 27 Meter hohen Felswand, die zum Gipfel führt (**rechts**). Autor Conrad Anker (**links**), der Mallory fand, überwand den Second Step auf seinem Weg zum Gipfel im vergangenen Mai.

Dieser Beitrag ist Conrad Ankers erster Auftrag als Autor für National Geographic. Er erschien aber bereits auf dem Titel der Februar-Ausgabe 1998: als einsame Gestalt an einem Abhang, die über die eisbedeckten Berge der Antarktis blickt. Er hat Gipfel auf der ganzen Welt bestiegen, vor allem im Himalaja, in Patagonien und auf der Baffin-Insel (Kanada).

«Er ist am Felsen festgefroren», stellt Jake fest. Es ist unmöglich, ihn auf den Rücken zu drehen. Vorsichtig trennt Jake den Hemdkragen ab und zeigt uns das gestickte Namensschild: „G. Mallory“. Er greift unter den Körper und holt eine Schneebrille aus einer Brusttasche. Aus einer anderen holt er ein Taschentuch mit dem Monogramm „G. L. M.“. Unter dem rechten Arm findet Jake einen zerschlagenen Höhenmesser, eine Schere und ein Taschenmesser. In der Westentasche dicht an Mallorys Herz steckt ein Bündel Briefe von seiner Familie.

Schließlich bedecken wir den Leichnam mit Felssteinen. Andy spricht ein anglikanisches Gebet. Dann lassen wir Mallory seinen Frieden.

Seltsamerweise trug er keine Handschuhe. Wir finden weder seine „Vest Pocket“-Kodakkamera von 1924 noch irgendein anderes Beweisstück, das die große Frage beantworten könnte: War Mallory der erste Mensch, der auf dem Gipfel der Welt stand? Nach dem zu urteilen, was wir bei ihm gefunden haben, und angesichts der Schwierigkeiten bei meiner Gipfelbesteigung auf dieser Route glaube ich, dass es aus folgenden Gründen höchst unwahrscheinlich ist:

Erstens: Die Route ist zu schwierig. Als Mallory und Irvine das letzte Mal gesehen wurden, waren sie in der Nähe des Second Step, einer 27 Meter hohen Felswand auf 8 630 Metern Höhe. Zwei Wochen nach unserer Entdeckung versuche ich, diese Steilwand frei zu erklettern – so wie Mallory es getan hätte. Selbst mit Steigeisen und moderner Klettertechnik ist es extrem schwierig. Wenn sie in einer Seilschaft gegangen sind, ohne am Fels gesichert zu sein – was ebenfalls üblich war –, können Mallory und Irvine nicht über den Second Step hinausgekommen sein.

Zweitens: Ausrüstung und Vorräte waren damals mangelhaft. Ohne Steigeisen und Fixseile hätten sie für einen Gipfelsturm übermenschliche Kräfte gebraucht. Ihr Sauerstoffgerät war schwer und störanfällig. Der Mangel an Proviant hätte sie erheblich geschwächt und die Wahrscheinlichkeit von Fehlern erhöht.

Mallory und Irvine folgten einer bis dahin unbeschrittenen Route zum Everest durch Tibet. Sie ist auf diesem Foto von 1924 zu sehen. Edmund Hillary und Tensing Norgay erreichten 1953 über Nepal als Erste den Gipfel.

Drittens: Der Zeitplan war nicht einzuhalten. Sie kletterten erst spät am Tag. Wenn sie es bis zum Gipfel geschafft hätten, wären sie gezwungen gewesen zu biwakieren. Aber Mallorys Nase und Finger waren nicht geschwollen oder von Erfrierungen verfärbt. Die beiden haben also vor ihrem Tod nicht im Freien übernachtet. Für mich sind Mallorys fehlende Handschuhe der entscheidende Hinweis. Nach der Umkehr oberhalb des First Step hat Mallory vielleicht die Handschuhe ausgezogen, um auf dem steilen Fels beim Abstieg besseren Halt zu finden. Ich vermute, er ist ausgerutscht und hat Irvine von einem Vorsprung gerissen. Das ausgefranste Seil, das immer noch an Mallorys Taille befestigt war, ist wahrscheinlich an einer Felskante zerschnitten worden. Er stürzte auf die Schneeterrasse und rutschte weiter bis zu der Stelle, wo ich ihn fand.

Ruhiges Wetter und wenig Schnee erweisen sich als Glücksfall für die Expedition von 1999. Als ein Sturm aufkommt, verunglückt ein ukrainischer Bergsteiger in der Nähe des Gipfels. Das Team hilft bei der Rettung.

Natürlich schmälert nichts von alledem meine Bewunderung für Mallory und Irvine. Die Route, die sie in den 20er-Jahren auf dem Nordostgrat als Erste nahmen, ist noch heute die am häufigsten genutzte Strecke auf der Nordseite. Dass die beiden mit ihren damaligen Mitteln in eine solche Höhe gelangt sind, ist wirklich erstaunlich. Ganz gleich, ob sie den Gipfel erreicht haben oder nicht: Ihren Platz als Helden auf dem höchsten Gipfel der Welt werden sie immer behalten.

Die letzte Ruhestätte

«**Wir erwarten vom Everest keine Gnade**», sagte Mallory vor seiner letzten Expedition zu einem Freund. Als sein gefrorener Körper gefunden wird, liegt Mallory mit dem Gesicht nach unten, sein linkes Bein über dem gebrochenen rechten. Auch ein Ersatzhandschuh (**links**) sowie Stiefel, eine Schneebrille und ein Taschenmesser (**unten**) werden entdeckt. Außerdem ein Höhenmesser, der einst die Höhe in der Nähe seines ehrgeizigsten Ziels anzeigte. An seine Frau schrieb Mallory: «Ich sehe in mir den Stärksten von allen, denjenigen, der am ehesten den Gipfel erreicht.» Das Expeditions-Team begräbt Mallorys sterbliche Überreste unter Felssteinen. Nach einer kurzen Begräbniszeremonie beginnen sie den Abstieg von diesem gnadenlosen Berg.

Abbildungsnachweis

Barry Bishop: 108–111

J. Cassel: 215

D. Cheesmond: 208, 210, 216

N. Devore III: 170, 174/175, 177, 180/181, 182 r., 184–186, 187, 189–193, 195–199

P.T. Etherton: 24, 31/32, 34, 41

A. Harvard: 200–207, 209, 212–214

N. Holguin: 8/9, 154–161, 164–168

Indian Air Force: 48/49

B. Kopczynski: 211 u., 216/217

C. London Times: 12/13, 15–18, 20–23, 26–28, 33, 36, 38–40, 42–46

Mallory & Irvine Research Expedition: 248, 250 r., 252 u.r., 253 u.

R. Messner: 163

R. Moulin: 229 o.

H. Murayawa: 14

NGS: Cover, 2, 4/5, 56/57, 108–121, 123–153

Th.H. Pollard: 250 l., 252 l., 252/253

L.F. Reichardt: 211 o., 218/219

R.G.S. and Alpine Club: 50–55, 58–107

R. Ridgeway: 187 r.o. und u.
G. Rowell: 228, 229 u., 230–233

A. Salkeld Collection: 248/249

B. R. Scott: 176, 188

W. Thompson: 220–227, 234–247

Wide World/ N.A.N.A.: 29, 35, 37

J.T. Wright: 172, 179, 182 o. und l., 183, 194

Impressum

Deutsche Ausgabe veröffentlicht von National Geographic Deutschland (G+J/RBA GmbH & Co KG), Hamburg 2003, 2. Auflage 2004.

Konzeption: Jan Scherping

Übersetzung: Gudrun Erler, Hamburg

Redaktion: Delius Producing Berlin/München: Silke Körber (Leitung), Barbara Delius, Cornelia Hanke, Babette Jonas, Thomas Lang, Julia Niehaus, Antje Steinhäuser, Kirsten Thietz; Ute Schmidt (Assistenz)

Fachlektorat: Karl Schrag, Deutscher Alpenverein, Bundesgeschäftsstelle München

Design: Lutz Jahrmarkt

Layout: Burga Fillery für DPB

Titelgestaltung: Lutz Jahrmarkt

Produktion: Ursula Stahl

Litho: Dunz-Wolff Produktion GmbH, Hamburg

Druck und Verarbeitung: aprinta Druck GmbH & Co. KG, Wemding

Printed in Germany

ISBN 3-934385-97-4

Die National Geographic Society, eine der größten gemeinnützigen Vereinigungen der Welt, wurde 1888 gegründet, um «die geographischen Kenntnisse zu mehren und zu verbreiten.» Seither unterstützt sie die wissenschaftliche Forschung und informiert ihre mehr als neun Millionen Mitglieder in aller Welt.

Die National Geographic Society informiert durch Magazine, Bücher, Fernsehprogramme, Videos, Landkarten, Atlanten und moderne Lehrmittel. Außerdem vergibt sie Forschungsstipendien und organisiert den Wettbewerb National Geographic Bee sowie Workshops für Lehrer.

Die Gesellschaft finanziert sich durch Mitgliedsbeiträge und den Verkauf der Lehrmittel.

Die Mitglieder erhalten regelmäßig das offizielle Journal der Gesellschaft: das National Geographic-Magazin.

Falls Sie mehr über die National Geographic Society, ihre Lehrprogramme und Publikationen wissen wollen, nutzen Sie die Website unter www.nationalgeographic.com.

Die Website von National Geographic Deutschland können Sie unter www.nationalgeographic.de besuchen.